周·卜商撰

子夏易傳

（一）

中國書店

詳校官中書臣劉源溥

欽定四庫全書　　經部一

子夏易傳　　易類

提要

臣等謹案子夏易傳十一卷舊本題曰卜商撰按說易之家最古者莫若是書其偽中生偽至一至再而未已者亦莫若是書唐會要載開元七年詔子夏易傳近無習者令儒官評定劉知幾議曰漢志易有十三家而無子

夏作傳者至梁阮氏七録始有子夏易六卷
或云韓嬰作或云丁寛作然據漢書韓易十
二篇丁易八篇求其符合事殊隱刺司馬貞
亦據舊說駁之是唐以前所謂子夏傳已為
偽本晁說之曰今號為子夏傳者唐張弧之
易也弧唐大理評事不詳何時人是唐時又
一偽本並行故宋國史志以假託子夏易傳
與真子夏易傳兩列其目今證以陸德明經

典釋文李鼎祚周易集解所引皆今本所無

猶曰二家之書在張弧之前至王應麟困學

紀聞引子夏易傳帝乙歸妹一條今本亦無

之然則應麟所見又非今本故趙汝楳以為

世有兩書程迥晁公武以為近時人所作是

張弧之外宋人又一偽本也然則今世所行

不但非子夏書亦併非張弧書矣又朱𥙿遂

初堂書目載有張弼所作子夏易傳解弼北

宋末人不知所注為何本今亦不傳惟明人所刊本尚存通志堂經解又重刊之流傳既久未可遽廢姑存以備一家可也乾隆四十九年閏三月恭校上

總纂官臣紀昀臣陸錫熊臣孫士毅

總校官臣陸費墀

子夏易傳卷一

周易

上經乾傳第一

☰ 乾下乾上

乾元亨利貞彖曰大哉乾元萬物資始乃統天雲行雨施品物流行大明終始六位時成時乘六龍以御天乾道變化各正性命保合太和乃利貞首出庶物萬國咸

寧

乾始降氣者也始而通終而濟保其正也故統萬物而無外夫天者位也質也乾者人也精神也有其人然後定其位精神通明然後統其質故能雲行雨施生類繼續大明終始而分其六位乘其隱見而得其變化故得生成而性命正矣是以聖人之當位也保合於乾元太和之道乃利而終正也故能首出庶物萬國保其安也

象曰天行健君子以自强不息

健而不息天之運也自强而成德者君子之事也

初九潛龍勿用象曰陽在下也

陽氣始生潛而未形雖德龍德與衆無以異也

九二見龍在田利見大人象曰德施普也

陽氣生物始見於田也稼者可以乘其時也雖大人學之成德可以普天下所利見明其道也

九三君子終日乾乾夕惕若厲无咎象曰反覆道也

君子能通天下之志體天下之變屈舒用舍唯時進退者也故當知終之地守知至之機有庇人之大德守事君之小心雖在上位反而復守其卑健於德敬於人勤於事上終日而不懈夕猶惕然此其道也雖危何咎君子所以修其德而後其身也

九四或躍在淵无咎象曰進无咎也

官人者人望其敘也位高者主畏其逼也位革於下也可無懼乎位上公也逼帝王也可進而謙讓恤患

以勤百姓將務時以進其道也而猶自疑德之薄而位之下而畀以自守故曰在淵无咎也

九五飛龍在天利見大人象曰大人造也

陽升而萬物相見也以聖人之大德而為乎天下明以周之神以化之而莫見其狀則智罔辨其處萬物咸仰其宜利見大人而賴其治也

上九亢龍有悔象曰盈不可久也

陽極則消之盈則虧之終則始之也亢而不知雖尊

極天下威大四海未離於悔也故聖人與時而消息則堯授舜舜授禹不極於亢而善其終也

用九見羣龍无首吉象曰用九天德不可為首也

陽者剛德之物也凡用者皆取象焉故曰乾坤其易之門邪陽肆而不已則暴時而後動則治夫首者事之倡也故聖人之治天下也有以誅亂去惡者也應之而正非其倡也則天下皆覩聖人之用九之無首也此天之無私矣天下之歸矣吉何往哉

文言曰元者善之長也亨者嘉之會也利者義之和也貞者事之幹也君子體仁足以長人嘉會足以合禮利物足以和義貞固足以幹事君子行此四德者故曰乾元亨利貞

善於物治之始也通其情治之道也利於物而義歸之守其正則無敗事矣

初九曰潛龍勿用何謂也子曰龍德而隱者也不易乎世不成乎名遯世无悶不見是而无悶樂則行之憂則

違之確乎其不可拔潛龍也

不易乎世一世而不可辨也道未行而名不彰也世

非之而不悶也吉凶與人同患憂則違之也

九二曰見龍在田利見大人何謂也子曰龍德而正中

者也庸言之信庸行之謹閑邪存其誠善世而不伐德

博而化易曰見龍在田利見大人君德也

龍德而成行也非其位而居君德謹信以為常得於

正也存誠以防邪立於中也善世而不伐守其謙也

德博可施萬物雖利見之其道未行也

九三曰君子終日乾乾夕惕若厲无咎何謂也子曰君子進德脩業忠信所以進德也脩辭立其誠所以居業也知至至之可與幾也知終終之可與存義也是故居上位而不驕在下位而不憂故乾乾因其時而惕雖危无咎矣

位雖高而猶可進也德之修也君子之知在乎幾也上體者位之大也難至之地也而能至之是其所至

而至之則乃免於悔也故可與論其幾矣事之難在乎終也而能終於下是素知終而能終也非義以利人則不能矣故可與存其義也進德而不盈也豈上位而驕乎安位以自守也豈下位而憂乎惕然其危何咎之有

九四曰或躍在淵无咎何謂也子曰上下无常非為邪也進退无恒非離羣也君子進德脩業欲及時也故无咎

上下無常非求越其羣也所以自進其德民歸之也

九五曰飛龍在天利見大人何謂也子曰同聲相應同氣相求水流濕火就燥雲從龍風從虎聖人作而萬物覩本乎天者親上本乎地者親下則各從其類也類之同氣之合無情而相從也清者本乎天上之道也濁者本乎地下之事也聖人在上君子小人各得其所親而從其類而天下定也

上九曰亢龍有悔何謂也子曰貴而无位高而无民賢

人在下位而无輔是以動而有悔也

民歸者位也亢窮也何有於民哉賢人何輔哉

潛龍勿用下也見龍在田時舍也終日乾乾行事也或躍在淵自試也飛龍在天上治也亢龍有悔窮之災也乾元用九天下治也

見龍有君德矣時舍而不用也或躍以進其道行其德而自試飛龍治在一人也用九上下皆正天下得治也

潛龍勿用陽氣潛藏見龍在田天下文明終日乾乾與時偕行或躍在淵乾道乃革飛龍在天乃位乎天德亢龍有悔與時偕極乾元用九乃見天則

日中星鳥春分象也乾道乃革革於陰也位乎天德高明而周也時者天之節也乾者中之動也時有節動有中亢則俱極矣乾善用九周而不殆天之德也可以觀其則矣

乾元者始而亨者也利貞者性情也乾始能以美利利

天下不言所利大矣哉

天之道不形而善始故謂之乾乾始通於物物得而生也物利而成雖利之而純精不改其正物自乘其化也故聖人經營其始終而不失其正焉情興於性大通無累也故乾之利美矣安往而不利哉不言其所利者也

大哉乾乎剛健中正純粹精也六爻發揮旁通情也時乘六龍以御天也雲行雨施天下平也君子以成德為

行日可見之行也

夫乾剛健中正為主純精不雜之至也故始終六位隨時發散能旁通庶物之情變化乘時雲行雨施而無不及德之大者也君子象之能博其德乃日可見之行則民之所利見矣故能體化合變而治於無形也

潛之為言也隱而未見行而未成是以君子弗用也

行未成則於事不盡也

君子學以聚之問以辯之寬以居之仁以行之易曰見龍在田利見大人君德也

行之成乃君之德也

九三重剛而不中上不在天下不在田故乾乾因其時而惕雖危无咎矣

剛者物之健也人之難御也履重剛動而失之咎也時無止也人道無息也故乾乾因其時得其上下乃无咎也

九四重剛而不中上不在天下不在田中不在人故或之或之者疑之也故无咎

地道以上為用承天以布生也天道以下為用資始而流形於下也三履於地守得其處人道之安據衆之所也四升上矣乘重剛矣上近於天革於衆庶者也位逼於尊德崇於人而猶自疑而不果在淵而守下故得无咎也

夫大人者與天地合其德與日月合其明與四時合其

序與鬼神合其吉凶先天而天勿違後天而奉天時天且弗違而況於人乎況於鬼神乎

大人之道無私之德而不偏也而況於中人乎故能觀象立器征讓與時而無差者也人者神之主也得於人鬼神之道可知也

亢之為言也知進而不知退知存而不知亡知得而不知喪

亢者直進而不知退極窮而悔也

其惟聖人乎知進退存亡而不失其正者其惟聖人乎

進退存亡時之然於我何有焉因内外之分明則保

其終而無悔聖人之道也

䷁ 坤下 坤上

坤元亨利牝馬之貞君子有攸往先迷後得主利西南

得朋東北喪朋安貞吉彖曰至哉坤元萬物資生乃順

承天坤厚載物德合无疆含弘光大品物咸亨牝馬地

類行地无疆柔順利貞君子攸行先迷失道後順得常

西南得朋乃與類行東北喪朋乃終有慶安貞之吉應地无疆

坤順也承於乾而成乾之化也臣稟命於君而致君之治也有大通始生之德焉萬物由之得焉萬物由之而形也無有遠邇而奉順之勤不敢怠柔不失正牝馬之征貞也臣道也待君而后成也君子攸行初離乎族迷而失道後保其所乃其常也西南同類安無成也東北喪朋出而得正終有慶也地承天而體

方臣奉君而為正遠無不至多無不能無疆之德故
君子定其分行其事則叶夫無疆之永也

象曰地勢坤君子以厚德載物
地無不載勢順而上承於天君子修博其德而當承
上之事也

初六履霜堅冰至象曰履霜堅冰陰始凝也馴致其道
至堅冰也
陰始凝以極於積柔而為堅罪始於小欺以至於累

惡而為賊故為上者不可以不辯為下者不可以不慎不早辯也馴而慎之以至於大也則無及已夫陰陽往來等也乾始於潛日之南至而生也陰生於日之鶉首至履霜而五陰成而為冰何也陽天下之大也陰輔成其内而其體一也萬物化也陽胎於坎而老於乾則凝為霜積而成冰此陰自成形而為賊害之始也非生之始也雖陰盛也而陽潛焉終得其正也故賊臣者世皆有之有隨而滅之此其象也故聖

人作為戒云

六二直方大不習无不利象曰六二之動直以方也不習无不利地道光也

靜然而待其天氣直也物得宜而遂生方也無不載焉大也地道之工居體之中盡地之理無私而生成也承命而化之動無不中何習之有乎故无不利也

六三含章可貞或從王事无成有終象曰含章可貞以時發也或從王事知光大也

體順也為下之長守臣之分也内含其明而不敢遂
故可因時而發不失其正王或有命則從之也不果
首成代終而以知之光大能全其道也
六四括囊无咎无譽象曰括囊无咎慎不害也
純陰之升無陽以明之則陰不能獨化也下體地也
上又非陽無天無君之象也天地不交之道也賢人
何由明乎敬慎而懷其道包括而不敢發可以無咎
譽也戒其位於上行也

六五黄裳元吉象曰黄裳元吉文在中也

黄中之文也裳下之飾也柔以文治中而能通貴而體正不敢違背致君之化也為臣以之盡道矣故大吉也

上六龍戰于野其血玄黄象曰龍戰于野其道窮也

隂之極而陽戰之曰龍戰也戰則兩傷矣隂道極極斯窮窮則傷將復壯因萬物而見焉故曰于野則柔脆者枯死而堅强者内生也

用六利永貞象曰用六永貞以大終也
柔戒於邪長正乃利也故君子之用六也順上而保
其正合其剛大而終也
文言曰坤至柔而動也剛至靜而德方後得主而有常
含萬物而化光坤道其順乎承天而時行
坤順也靜而含光能畜治萬物而不敢先也順於上
而時動成其終而不怠堅剛而得於久至柔以為剛
也

積善之家必有餘慶積不善之家必有餘殃臣弑其君子弑其父非一朝一夕之故其所由來者漸矣由辯之不早辯也易曰履霜堅冰至蓋言順也

君子之辯於初也既形於履霜則堅冰至順而致之然也其辯於君子小人蓋慎乎此也

直其正也方其義也君子敬以直内義以方外敬義立而德不孤直方大不習无不利則不疑其所行也

敬而不諂直内也非義而不合方外也敬義不孤德

之大也可執一而當之事至而決之何習而後為乎

是以不疑其所行也

陰雖有美含之以從王事弗敢成也地道也妻道也臣

道也地道无成而代有終也

含而守下代其終也

天地變化草木蕃天地閉賢人隱易曰括囊无咎无譽

蓋言謹也

地本下矣而上無天純陰之用閉之道也君子謹而

晦之免於害也

君子黄中通理正位居體美在其中而暢於四支發於事業美之至也

文在其中者能通天下之理也得其樞矣於何而不利焉是以為臣體柔能正大位揚君之大化也則美在其中而四肢暢矣正德於時而天下形矣舉事而可久也天下則之以之為業美之至也

陰疑於陽必戰為其嫌於无陽也故稱龍焉猶未離其

類也故稱血焉夫玄黄者天地之雜也天玄而地黄陰純陰者也雖盛衰之無盡窮也故為治之主焉為君道焉在於四時而消息則迭興而未始相離也陽極則陰生其中陰極則陽復其中至於交會則有進退之事陽勝陰理固然也陰勝陽悖之道也故稱陰老而乾戰焉堅冰之至也陰之盛陽憚而疑故戰也勿以陰盛而謂之無陽乎陽潛而運乃在中也慮其将來疑於無陽也故稱龍焉外由陰也故類稱血焉

戰而兩傷故云玄黃之雜色也

䷂ 震下坎上

屯元亨利貞勿用有攸往利建侯彖曰屯剛柔始交而難生動乎險中大亨貞雷雨之動滿盈天造草昧宜建侯而不寧

剛生於柔動在險中屯也天地之道交而生物君民之道交而生事物者得治後生也事者經之而後遂也難而營之動於險中而獲於大通以正也非智者

不能善其道也陽震春四時之首也雷雨動而滿盈
造物之始也猶除草而為居也始於冥昧未見也險
在於前矣何所往哉安而立巳勤而力民協其力也
象曰雲雷屯君子以經綸
雲畜雨者也雷下震之將降而滿盈也君子務時經
綸而可大也
初九磐桓利居貞利建侯象曰雖磐桓志行正也以貴
下賤大得民也

剛在屯初造化經始之時也險在前民思其安也君子知其時而不決進故磐桓於下居所用正正則民安歸下則衆所服故動於下建侯封也

六二屯如邅如乘馬班如匪寇婚媾女子貞不字十年乃字象曰六二之難乘剛也十年乃字反常也

陰者依陽而成也況當於此屯也時欲進應五雖至於乘馬班如裝飾器備而不可往者乘初之寇也極數之變以待會終得其依者守中執志之正也

六三即鹿无虞惟入于林中君子幾不如舍往吝象曰即鹿无虞以從禽也君子舍之往吝窮也

遠於陽欲依於五五與二也將來得乎是無謀度器備以從禽也故獲於林中君子知幾不如捨之往則吝也

六四乘馬班如求婚媾往吉无不利象曰求而往明也

時之屯陰求陽之深也之其應者皆乘馬備飾而待於行兩意求之而遂往明得其情吉无不利也

九五屯其膏小貞吉大貞凶象曰屯其膏施未光也屯動於險中非常之時也有非常之才而後可以濟之矣五守中而獨應無膏澤以及天下也小以自守可也將以大正凶之道也施豈光乎

上六乘馬班如泣血漣如象曰泣血漣如何可長也屯難而後者也以柔居極屯道窮也乘馬班如將何行乎故泣血漣如凶可知也不能久也

䷃ 坎下艮上

蒙亨匪我求童蒙童蒙求我初筮告再三瀆瀆則不告利貞彖曰蒙山下有險險而止蒙蒙亨以亨時行中也匪我求童蒙童蒙求我志應也初筮告以剛中也再三瀆瀆則不告瀆蒙也蒙以養正聖功也

山下有險而止昧於所從蒙也夫知昧而求決者通之道也決而當於時適於中道乃行也亨蒙之理非求我也求我蒙不能明也待蒙求我志應而後發也告者精意而上請也初志乎決剛中求辨於理故來

告也至於再三則或多矣瀆蒙者也其肯告乎蒙者無知也以其不知以養其所知亨蒙之道乃聖功利而正者也

象曰山下出泉蒙君子以果行育德

水泉出而未通止所也德不博不能及於物淺學之蒙也君子以之克己而果行廣學以育德而後能通也

初六發蒙利用刑人用說桎梏以往吝象曰利用刑人

以正法也

承於陽而發蒙也陰奉陽而始明全德以及物也刑者失而後治之道也雖陰至明可以刑人而説桎梏正法而已長用之則吝也

九二包蒙吉納婦吉子克家象曰子克家剛柔接也

陽剛也明也初奉之而求其辯三附之而委其質比初之蒙而無情係於三故吉也居中而正配於五婚姻之吉也家道大者莫先於正夫婦也居中貴而委

身於畀能接之以禮者也子能克家莫過是也

六三勿用取女見金夫不有躬无攸利象曰勿用取女行不順也

乘於陽而說之失位而不顧其應者蒙也不能自保而為不順曷用娶之無所利也

六四困蒙吝象曰困蒙之吝獨遠實也

遠於陽也困何以明守位而困可惜者也

六五童蒙吉象曰童蒙之吉順以巽也

陰蒙無知童之道也以柔德委順於二而二剛巽之居尊與能得其為上之道故吉也

上九擊蒙不利為寇利禦寇象曰利用禦寇上下順也

三巳應也茍悅於三擊而取之動不妄干為寇也擊而歸之應下以順上保終無間故利用禦寇也

䷄ 乾下坎上

需有孚光亨貞吉利涉大川彖曰需須也險在前也剛健而不陷其義不困窮矣需有孚光亨貞吉位乎天位

以正中也利涉大川往有功也

需待也剛居於尊安於險之道也能制下健以為用君子待命而已不可自任則剛健終不陷也君子觀其為而動之其義豈窮哉五以險德而位於天雖非坦道強毅而制下也剛中而有孚也獲剛健之臣而不敢不說則不勞而待其功矣故光通而貞吉復何險之有哉是以利涉大川而無險不濟也文王君人也得九五之位仲尼位下也居君子之事合兩而待

之則上待下之能下待上之命觀是需之情可見矣

象曰雲上於天需君子以飲食宴樂

澤來矣君子待命而不勞於慮而得其治也飲食宴樂而已

初九需于郊利用恒无咎象曰需于郊不犯難行也利用恒无咎未失常也

郊遠者也未履其位行不犯難也用其常不失其素矣

九二需于沙小有言終吉象曰需于沙衍在中也雖小有言以吉終也

行遠也沙邇乎水剛履其位敵對於五五非敵也可以待也君子之道無執也與時而行也得其中者雖小有言吉終而已矣

九三需于泥致寇至象曰需于泥災在外也自我致寇敬慎不敗也

上險可犯也剛以在上待命於泥逼難而濡難猶外

矣我致之而寇至敬慎之不敗也

六四需于血出自穴象曰需于血順以聽也

剛險居上而承之難從事者也動而見傷矣坎陰處下幽穴之物而令升之待陽之運而出難也則不可不順以聽之

九五需于酒食貞吉象曰酒食貞吉以中正也

剛德中正施令而治者也治事已獲衆之奉待其酒食而已

上六入于穴有不速之客三人來敬之終吉象曰不速之客來敬之終吉雖不當位未大失也

需坎上也道之終則反覆也入于穴矣乾覆其上三爻來而不假待也知道之終能固其所而敬為主雖不得其位能吉其終也

䷅ 坎下乾上

訟有孚窒惕中吉終凶利見大人不利涉大川彖曰訟上剛下險險而健訟訟有孚窒惕中吉剛來而得中也

終凶訟不可成也利見大人尚中正也不利涉大川入于淵也

君子知微知彰知柔知剛能盡物之情也訟之者其昧於先乎兩其情則上剛而下險兼其象則中心險而行健得無訟乎訟之所由興於二也內剛險也居中理可信也不中塞也上健可懼也直可申也故中吉人不與訟也故終凶大人志尚中正者利而見之辯也陷于下矣又好爭焉故不可涉於險也

象曰天與水違行訟君子以作事謀始

相違而與處事訟之象也君子見其未著防其未形則遠訟也

初六不永所事小有言終吉象曰不永所事訟不可長也雖小有言其辯明也

柔非勇於訟也上迫而至訟訟初有言辯明而通其志不長其訟得於終吉之道也訟之長凶之咎也其吉於初已乎

九二不克訟歸而逋其邑人三百戸无眚象曰不克訟歸逋竄也自下訟上患至掇也

為下訟上訟可得乎自貽其患也不可而退還竄其邑自守其寡不敢上敵猶無眚也

六三食舊德貞厲終吉或從王事无成象曰食舊德從上吉也

處下之上從乎剛陽而訟通矣食其德矣乘剛而待之危也從上得附故終吉矣夫以柔附上非聽其訟

亦為上忤矣故至有命則行之不敢自成也夫不爭於外者善矣夫

九四不克訟復即命渝安貞吉象曰復即命渝安貞不失也

三柔附我故我不能敵初之訟也以就三之命變其訟之應也安貞而吉何所失哉

九五訟元吉象曰訟元吉以中正也

中正上行雖訟而吉大也

上九或錫之鞶帶終朝三褫之象曰以訟受服亦不足敬也

剛居訟終能訟而得其終也專攻得其非上或賞也三脫其服象褫疾也

䷆ 坎下坤上

師貞丈人吉无咎彖曰師衆也貞正也能以衆正可以王矣剛中而應行險而順以此毒天下而民從之吉又何咎矣

五天位也而以非陽居之或有戰爭之事二剛陽也而能正衆可崇任之佐其尊而臣也丈人之謂居中而奉行險而順以殺上殺毒其人而人從也専其命咎則吉復大矣又何咎焉

象曰地中有水師君子以容民畜衆

地中有水故能有得其潤而保其廣地之用也蓋象乎君子也則能得其情而獲其治道出於民也故君子以容而畜之顯仁以藏用也

初六師出以律否臧凶象曰師出以律失律凶也

春秋傳言執事順成為臧逆為否理有必然之勝者師出而謀合之為臧乃其律也失之是以凶也夫律者軍事之命也師之興主君不能親之是以授其命而不授其事名曰專征此古師之道也軍誌曰軍之所承於君者師之可戰君曰無戰必戰可也師不可戰君曰戰之無戰可也故進不求其名退不避其罪本乎社稷之衛也或以聽君主之制為律豈足是哉

慎諸其在授人以律乎

九二在師中吉无咎王三錫命象曰在師中吉承天寵也王三錫命懷萬邦也

剛中而應行險而順受命而能正衆也吉何咎哉王者以天下為心用兵非以怒也平之非喜殺也三錫命非私也安萬邦而已矣

六三師或輿尸凶象曰師或輿尸大无功也

師之出也任於一人剛中者也多則或矣非其任也

何功之有吉二剛也而以隂柔乘其上是無其領也輿師之凶也宜哉無君上之命則免矣故曰或也

六四師左次无咎象曰左次无咎未失常也

左者不用之地待其師命而已未失常也

六五田有禽利執言无咎長子帥師弟子輿尸貞凶象曰長子帥師以中行也弟子輿尸使不當也

居尊雖柔待而有獲也何以利乎柔不能臨衆也執命而授德人則无咎矣二剛中而繼體於五其長子

乎命授一人帥師可也三桒弟子也命不可二也其輿尸也

上六大君有命開國承家小人勿用象曰大君有命以正功也小人勿用必亂邦也

師之終復於大君者居天下而無私故誓師曰用命賞于祖不用命戮于社功存社稷之公也天下共之有開國而封之者承家而食之者此功之分也王執而正之非恵之私也小人不原於天命不足於貴位

故至亂邦此易之終戒也而失於用也

䷇ 坤下坎上

比吉原筮元永貞无咎不寧方來後夫凶彖曰比吉也比輔也下順從也原筮元永貞无咎以剛中也不寧方來上下應也後夫凶其道窮也

衆畏險民咸其安也輔其正而獲吉也剛位於尊也本其陽之德行仁也居中可以長正也長正可以寧方也筮而比之亦何咎也則不寧輔而安矣後夫道

窮雖求輔凶也

象曰地上有水比先王以建萬國親諸侯

地載水而澤也水得地而安也下得上而寧也上得下而位也故先生建萬國和親諸侯然後天下安也

初六有孚比之无咎有孚盈缶終來有他吉象曰比之初六有他吉也

衆各保其所居也能初以求比是以吉也知乎幾辨乎微為天下首比必自誠信盈於素分也素分盈則

主恩及而他吉來也

六二比之自内貞吉象曰比之自内不自失也

為五内比應而相合承其私也為衆所覩也能自守中正故保其吉也

六三比之匪人象曰比之匪人不亦傷乎

不正不能辯其去就而輔於上無首也可比非其人乎不亦傷矣

六四外比之貞吉象曰外比於賢以從上也

比於尊剛承上輔賢得正吉也

九五顯比王用三驅失前禽邑人不誡吉象曰顯比之吉位正中也舍逆取順失前禽也邑人不誡上使中也

為天下王也背之以來皆吾人也則可以安天下矣獨守其中而私其應為衆所觀非顯其私歟疾其背而愛其向也則失其不來者矣邑有家者也私也豈王者顯私也偏其私故邑人不誡王所使之然也雖顯其吉正其位而尊也

上六比之无首凶象曰比之无首无所終也

無誠於附道窮而比戮斯及矣何終哉

☰☴ 乾下巽上

小畜亨密雲不雨自我西郊彖曰小畜柔得位而上下應之曰小畜健而巽剛中而志行乃亨密雲不雨尚往也自我西郊施未行也

小畜陰上得位而陽皆應之也柔畜剛也大為小所畜其畜不能全小畜而已也故健而巽剛下柔也剛

居中巽柔而從其畜志得而後通也雨者陰陽和陰行其道則盛而為雨小畜志於上往也自得其位而已使陽而巽其澤不足以下濟也則密雲而不雨也雲自西郊而東陰消而退未能行施也小人來居上位非中正之德君子無所承也其何足光哉不能畜君子之大也

象曰風行天上小畜君子以懿文德

風行天上而不能畜大也言行德之大也文德者德

之小也君子之道無所備也畜其文德與時行也

初九復自道何其咎吉象曰復自道其義吉也

乾本上也三陽尚上也應而歸焉巽以行志復自我

道何以咎哉其義吉也

九二牽復吉象曰牽復在中亦不自失也

志乎畜而不能全也雖與我與而非應可以牽而巽之

自復其道得時之中故吉也

九三輿說輻夫妻反目象曰夫妻反目不能正室也

陰之微不能大畜其亦已矣故初應二牽巽志而行自復其道至於三斯極之矣上飛制下終於小畜理固然也思不敢行行說其輻也陽不制陰夫不正室也

六四有孚血去惕出无咎象曰有孚惕出上合志也

一陰也而衆陽趨焉非其所治者也則懼其傷害矣奉與五剛誠信相與近而相親固也尊而肅民安也何傷害惕懼之患哉可無咎乎

九五有孚攣如富以其鄰象曰有孚攣如不獨富也

卦唯一陰鄰而奉已已亦交愛有孚攣如資貸與同

不獨自厚巽而行志者也

上九既雨既處尚德載婦貞厲月幾望君子征凶象曰

既雨既處德積載也君子征凶有所疑也

小畜畜其餘未始於道小不能畜陽得行其志上不

可全無下無所遂志故其終焉既雨得行其道也既

處安其所也尚德載陽為所畜也陰專於陽危之道

也月近望陰盈盛也君子征凶陽疑而不敢進也以

爻語之則得志以體言之則小畜此言巽陰之終而

不係於爻也

☰☱ 兌下乾上

履虎尾不咥人亨彖曰履柔履剛也說而應乎乾是以

履虎尾不咥人亨剛中正履帝位而不疚光明也

履一陰而履於陽為下之長衆之趨焉是以危而履

虎尾也語其上下則下承上也言其情則說而奉於

乾也失其所履而全其所承是以不咥人亨情之所歸則三也故以卦命之其於履則剛中正履帝位而不疚其義也能制其度得其光明也陰者陽之求而履之陽不競者以陰失位而凶陽抑其情而不亂上之正而咸得其履也

象曰上天下澤履君子以辯上下定民志

上天下澤得其履也君子辨賢不肖而上下定之則民無覬倖之望也

初九素履往无咎象曰素履之往獨行願也

履得其所履吉也過之則咎以剛志而守下不求其陰進之不以為榮獨履素行之節是以無過咎也

九二履道坦坦幽人貞吉象曰幽人貞吉中不自亂也

履不得其履寧倡無僭二以剛比柔見利不撓其志居易幽退履其所履中正之吉也

六三眇能視跛能履履虎尾咥人凶武人為于大君象曰眇能視不足以有明也跛能履不足以與行也咥人

之凶位不當也武人為于大君志剛也

卦皆無諸陰而三自以為已任眇目能視跛足能履豈足恃哉僭履非位咥其宜也而志擬於剛欲為武人大君之行凶之災也

九四履虎尾愬愬終吉象曰愬愬終吉志行也

三以不順為衆同棄而已近也愼於難履者也心懼不足相與在乎守畀以承於上為上所任果獲其志得其終吉也

九五夬履貞厲象曰夬履貞厲位正當也

三柔失位志比武人五為一卦之主明得帝位取而決之非求係於情也然三者衆之趨也雖曰決之正之危也位正當也何其患乎

上九視履考祥其旋元吉象曰元吉在上大有慶也

積善之家必有餘慶歸其本也不顧其邪自履其所得履之終也則可以心視其往之履而考其善應也積其行得其終歸其有慶者矣旋其元吉哉

子夏易傳卷一

子夏易傳卷二

周易

上經泰傳第二

☷☰ 乾下坤上

泰小往大來吉亨彖曰泰小往大來吉亨則是天地交而萬物通也上下交而其志同也内陽而外陰内健而外順内君子而外小人君子道長小人道消也

易者象也神之用也故泰象於天地交而萬物生上下交而人治成陽内得時而陰外也健發於内其道順行於外親内君子踈外小人君子之長也是以損削之道往而豐大之道來吉而通者也

象曰天地交泰后以財成天地之道輔相天地之宜以左右民

天地合其時以養物也聖人與其財以豐人也結綱罟作耒耜能輔相天地之宜成天地之道因時而通

利而左右其民也

初九拔茅茹以其彚征吉象曰拔茅征吉志在外也

拔茅而連出也君子道長上下交志以其類征吉離內以之外志求其成也

九二包荒用馮河不遐遺朋亡得尚于中行象曰包荒得尚于中行以光大也

乾降為泰而得其中能通天下之情知天下之用而不過其當也朋黨何由興乎志在其中不失其治應

之而行可謂光大已矣

九三无平不陂无往不復艱貞无咎勿恤其孚于食有

福象曰无往不復天地際也

乾下通而泰也物不可終通則天道復其上地道歸

其下矣平陂則險矣有往則復矣君子見其交會思

其所終慮患而艱守之不失其正則可无咎而全其

吉保食其福也

六四翩翩不富以其鄰不戒以孚象曰翩翩不富皆失

實也不戒以孚中心願也

物各歸本也陰陽之情皆相求也四所以下者非顧其陽自樂其歸不賴陽之治也與其衆同志翩翩輕舉不富鄰而自備不戒約而自孚皆乘中心之願而行也

六五帝乙歸妹以祉元吉象曰以祉元吉中以行願也

陰居貴盛而委質於二靜而無為居貴有祉理得於中願心而行非權之逼也忘已而與能聖人之道也

故元吉矣

上六城復于隍勿用師自邑告命貞吝象曰城復于隍其命亂也

塹隍而為城取下以為上也其終則復隍矣下為上使者通其志也終不能通命亂者也以之用衆衆不從也以之告邑命不行也猶以為正也終惜已矣

䷋ 坤下 乾上

否之匪人不利君子貞大往小來彖曰否之匪人不利

君子貞大往小來則是天地不交而萬物不通也上下不交而天下无邦也內陰而外陽內柔而外剛內小人而外君子小人道長君子道消也

天地之道各守其所上下不相通志而非人道之治陰在內而陽失時內其柔邪而外其剛直小人爭內而君子踈遠也時否閉矣無復人之道也小人道長不利君子正為小人疾也是以大善之事往而小惡之事來也

象曰天地不交否君子以儉德辟難不可榮以祿

上下隔塞其志不通其道不行也則動而見疑矣故晦道薄德懼時之用以避其患也

初六拔茅茹以其彚貞吉亨象曰拔茅貞吉志在君也

易也者聖人所以體其時而利其行也天地不交君子不容以祿夫吉凶生乎動動乎始則其終不能禁矣處否初位而慎其動得君乃行故牽類而守正終會其吉亨也

六二包承小人吉大人否亨象曰大人否亨不亂羣也

柔履順中承其上小人得一時之中故獲一時之吉君子得其大中也當其否也不能包承於上亦不能非小人必避世異俗安畀保命而已故雖否而終通也

六三包羞象曰包羞位不當也

位陽也而陰處之包承柔佞之過也是以羞辱及矣

九四有命无咎疇離祉象曰有命无咎志行也

上近至尊下據其民咎以專也五之休否有命任己畀以奉上正以率下其志得行亦又何咎誰麗其福乎乃己之致也

九五休否大人吉其亡其亡繫于苞桑象曰大人之吉位正當也

大人者知存亡之道也羣小並進雖可全正雖得尊位憂其危亡順而從之不敢以力息於否之時也其道乃固矣正當其位物猶不陵故保其吉而終遇也

上九傾否先否後喜象曰否終則傾何可長也

否之終否其傾矣極終則變何可以久君子當其極故先否也困極以道通也故後喜也

䷌ 離下乾上

同人于野亨利涉大川利君子貞彖曰同人柔得位得中而應乎乾曰同人同人曰同人于野亨利涉大川乾行也文明以健中正而應君子正也唯君子為能通天下之志

天下之器大矣其為務多矣治之而不謬者其唯同人乎所以同其同而無方也二一陰也得中而羣陽歸焉能得物之情故曰同人其德乾之德也下之功上使之也為上能同於下者鮮矣能同之則其德大矣其務成矣其聖人之功歟上之不與雖下求其同不可得也非文明辨於内剛健行於外中正而相應者不能同也此君子之正而能通天下之志也

象曰天與火同人君子以類族辨物

天體大也火體小也火曰炎上同於天也必時曦燥而後盛乎俟天之與也上下之位既列得其同則上能與下也君子象之而類其族辨其物志可同者與之不遺其細者也則天下何有焉

初九同人于門无咎象曰出門同人又誰咎也

卦一陰而近者多得也或尊而保之也初比於二不繫其常出門同之無與爭者得之先也誰之咎矣

六二同人于宗吝象曰同人于宗吝道也

不能大同守宗獨應失其于野之義可惜也巳

九三伏戎于莽升其高陵三歲不興象曰伏戎于莽敵剛也三歲不興安行也

情係者德之累也妄興者凶之道也居下之長而據尊之應潛構兵戎以敵於五在下之上曰高陵也至五而三象三歲也五勝而不能興也禍自致也安所行哉

九四乘其墉弗克攻吉象曰乘其墉義弗克也其吉則

困而反則也

與三攻以求二乘其墉也猶隔之矣二可得乎其義

固不克也求之不得也困而反其則矣乃遇其吉也

九五同人先號咷而後笑大師克相遇象曰同人之先

以中直也大師相遇言相克也

剛健中正求其同而為治也夫求其同固有不同者

矣故下剛有役其公而私其同焉以力正之未獲其

志故先號咷而後笑也非私也求其治而中直以正

也剛而難過克之而後合同人之道也

上九同人于郊无悔象曰同人于郊志未得也

居其外也已過其内無與同者患爭之悔則免矣求同無與志何得也

☲☰ 乾下離上

大有元亨彖曰大有柔得尊位大中而上下應之曰大有其德剛健而文明應乎天而時行是以元亨

柔得大中之位而上下歸焉無有遠邇皆大有之也

其德剛健而行文明以辨大位德應於天以時行是以大亨也

象曰火在天上大有君子以遏惡揚善順天休命

明得其時上無不容也善者道之大也故揚之惡者道之小也故遏之上舉其善則惡止矣君子順其時美其命而已故大有之也

初九无交害匪咎艱則无咎象曰大有初九无交害也

夫欲其豐害物以求有者斯害來矣此害之交也咎

可逃乎初得於主始有之矣守其分而不躁難其志以自保則終有大而无咎也未涉於交害矣易所以戒大有剛健之初先遠害而利自至矣

九二大車以載有攸往无咎象曰大車以載積中不敗也

剛健之中力之大者也上之所任事委於中致遠不泥也

九三公用亨于天子小人弗克象曰公用亨于天子小

人害也

為下之長富有其民公之位也為五所有志達乎尊以奉其主也小人不可用也以上之柔德則不克通而謀其害之矣大有容之也御小人者其道異乎可大有之而不任也

九四匪其彭无咎象曰匪其彭无咎明辨晳也

柔得尊位而上下咸願應之以時近親難處之地也能知禍福之端畏天下之所覩如非在五旁競以自

警不敢怙恃可无咎矣非明辯者不能至也可謂智矣剛能處柔者也

六五厥孚交如威如吉象曰厥孚交如信以發志也威如之吉易而无備也

以柔德而居主位虛中孚誠民亦奉其誠也志交信矣何所備乎故易然而保其尊威如而獲其吉也

上九自天佑之吉无不利象曰大有上吉自天祐也

剛居極上尊柔奉之可謂上賢而順高而得終履其

信也得其終也內符於天與天合德也則自天佑之矣何不利焉

䷎ 艮下坤上

謙亨君子有終彖曰謙亨天道下濟而光明地道卑而上行天道虧盈而益謙地道變盈而流謙鬼神害盈而福謙人道惡盈而好謙謙尊而光卑而不可踰君子之終也

陽天也而下其陰是以謙無不通君子所以保終也

天之道寒暑日月也盈則虧之損則益之地之道山川丘陵谷也髙則傾之卑則受之鬼神依人謙則福之盈則禍之人道惡盈盈則慢之以人惡已謙則下人故人好也尊而謙之益光大矣卑而謙之人莫之踰君子所以保終也

象曰地中有山謙君子以裒多益寡稱物平施

山下於地而得地中謙也君子謙以下人得人心也多者損已以聚之寡者減已而益之稱物而平施不

失其常乃平也

初六謙謙君子用涉大川吉象曰謙謙君子卑以自牧也

柔以處下謙之謙也君子用謙於初自養其德雖涉難而吉也

六二鳴謙貞吉象曰鳴謙貞吉中心得也

陽者衆陰之求也而二承而親之既得於心聲以發外謙而鳴之辭也守中而不敢自大得正之吉也

九三勞謙君子有終吉象曰勞謙君子萬民服也

居下之上為衆之則勤於正衆雖勞而謙厚之至也

謙以保正萬民服也故得保其終吉矣

六四无不利撝謙象曰无不利撝謙不違則也

謙以在位不僭不逼不違其則者也以之奉五而待

於三奉事得宜指撝皆從无不利也謙敬之利道之

然也

六五不富以其鄰利用侵伐无不利象曰利用侵伐征

不服也

柔居上位止而順之謙也柔之過盗之心生故至於用師也居尊而著於謙得衆之道也故不待富鄰而利以侵伐也

上六鳴謙利用行師征邑國象曰鳴謙志未得也可用行師征邑國也

上雖應三二近相與故中心未得也徒聲鳴而已然正應無争辭謙無怨是以外助也分衆受命纔堪征

邑國而已非不利者也

䷏坤下震上

豫利建侯行師彖曰豫剛應而志行順以動豫豫順以動故天地如之而況建侯行師乎天地以順動故日月不過而四時不忒聖人以順動則刑罰清而民服豫之時義大矣哉

陰者小人之道也治之者非君子歟衆陰而陽禦之非當大位則有兵戰之事文之不當理也其用師而

豫乎剛應而衆從之也豫先而當得其順動者也順以動故天地如之日月之迭明也四時之更變也聖人以順動而天下服也非聖人不能得順動之時義也

象曰雷出地奮豫先王以作樂崇德殷薦之上帝以配祖考

雷始發震奮而出地物遂其豫也震先而得其樂乎故謂豫之為樂得於心而形見於外與物而動其情

曰樂故先王之有天下者樂也禮平天下之志以修諸内也故合其鐘鼓竽瑟管磬之聲而與衆共樂也禮者重本崇德而敬其上也故禘郊宗祖皆崇有德而配之上帝天神焉以與衆同敬而節諸外也故作樂崇德殷薦上帝合禮樂之化設内外之教而天下順也

初六鳴豫凶象曰初六鳴豫志窮凶也

初有上應樂有得志也夫君子之心静而自居知得

喪之終始而不遷其正故其樂不極其憂不沮何患之及哉小人之始得志誇其大而極其志極而不及於禍者無之

六二介于石不終日貞吉象曰不終日貞吉以中正也

卦一陽也衆陰競之以求豫也二得順而中正物至而順豫至而樂不遷其正也故介如石堅難以茍變感之至後動也得吉之先也其先知者不疾而速獲其吉也安用其終日乎

六三盱豫悔遲有悔象曰盱豫有悔位不當也

四經始之地也而三統下卦之主而不當位是以遲速皆不中也盱而遽來柔涉乎謟也遲而後至疑懼旅於衆也是以悔矣

九四由豫大有得勿疑朋盍簪象曰由豫大有得志大行也

一陽而能濟衆也而上下應之所以得豫皆由之也復何疑焉既順以動之天下附之則智者為謀勇者

為力皆相朋合簪而來仕矣

六五貞疾恒不死象曰六五貞疾乘剛也恒不死中未亡也

四剛動也衆之歸柔無德乘之正乃疾也守恒於中其義不死已存其尊也

上六冥豫成有渝无咎象曰冥豫在上何可長也

剛得志而豫五正疾矣而又上之處於豫外不知時之豫昧於豫之成也何可長哉變而知歸得无咎矣

䷐ 震下兌上

隨元亨利貞无咎彖曰隨剛來而下柔動而說隨大亨貞无咎而天下隨時隨時之義大矣哉

剛來而下於柔得其情隨而治之大通者也剛中正動而說利而正夫何咎哉夫隨多失正正則寡隨動說而隨大亨不失其正而无咎者大人也而天下隨之矣

象曰澤中有雷隨君子以嚮晦入宴息

雷下於澤之中也雷隨於澤澤隨於雷君子得物之情而隨正之則物來隨已正也何所憂哉故嚮暮入宴息安之時也

初九官有渝貞吉出門交有功象曰官有渝從正吉也出門交有功不失也

隨主於可見而變也不隨則不吉隨而喪本亦不吉初無專應得其理也剛不失正得其吉也與二相得出門交有功也非應而合之不失其隨時之宜不隨

則獨立無功矣

六二係小子失丈夫象曰係小子弗無與也

不顧其應與時相得動說相與得隨之宜五體隨而不戀初遇之而有交故二无凶吉之戒也

六三係丈夫失小子隨有求得利居貞象曰係丈夫志舍下也

隨不係於常也三近於四而遂相附得隨也四亦不逆求所得也專正而居志合遠附得所利也

九四隨有獲貞凶有孚在道以明何咎象曰隨有獲其義凶也有孚在道明功也

得三而附有獲者私擅其民正之凶也以隨之時協隨之義竭誠奉主立功明道皆上之有也夫何咎哉

九五孚于嘉吉象曰孚于嘉吉位正中也

剛德居尊有應而不係盡下之宜大通者也中正而保位利而貞也信向於隨之嘉吉則下皆隨之矣

上六拘係之乃從維之王用亨于西山象曰拘係之上

窮也

隨者下而隨也下而隨之乃治非大正之象也治誠而不隨則以力制可也六無附而保其上守於險阻可拘之乃從維之以力而後至服而通命於遠至治也

䷑ 巽下 艮上

蠱元亨利涉大川先甲三日後甲三日彖曰蠱剛上而柔下巽而止蠱蠱元亨而天下治也利涉大川往有事

也先甲三日後甲三日終則有始天行也

蠱文皿蟲也風過山也時之蠱而事繫之不可以無

制作也剛升而上柔來而下剛柔兩得其情大通而

柔伏也巽而止無違迕也故可以造治制作而無難

也古之為治者以質文相變也弊而更之之謂也以

質治者寬而任人親而不尊其弊也野而不近縱而

難禁故因其弊而反之以文以文治者檢而有度尊

而不親其弊也煩而多賊近而無實因其弊而更之

以質質文更代終則有始如寒暑之謝也甲者制事之首也夫立制者必先究前弊之由察其中要其終故先三日以原之然後更之令及其先乃及其後後甲三日之正故能合其時而當於人心也殷因於夏周因於殷故為之改命創制天下法也

象曰山下有風蠱君子以振民育德

山下有風時蠱而制事也君子將以振民先有其德然後制作也

初六幹父之蠱有子考无咎厲終吉象曰幹父之蠱意承考也

有為者臣子之職也受命者承其意而損益從時而後蠱可幹也柔始受命能終其事承父之後也可謂有子矣考何咎乎臨事而專故曰厲也終成其志得无咎也有事之道然也

九二幹母之蠱不可貞象曰幹母之蠱得中道也

幹内應柔承母之事也不可以自正非所越也乃得

中道矣事有順而後成者此之謂也

九三幹父之蠱小有悔无大咎象曰幹父之蠱終无咎也

以剛得位幹其事而專其任也專之故小悔終成其志故无咎也

六四裕父之蠱往見吝象曰裕父之蠱往未得也

柔之位而以柔處之不能敏於事也是寛其事而无成也復命得乎往見吝矣終无功也

六五幹父之蠱用譽象曰幹父用譽承以德也

柔非能幹蠱也事必有主之者矣用德而不勞於力

五之謂歟居得中正衆之所荷用譽之謂也

上九不事王侯高尚其事象曰不事王侯志可則也

剛上者主之尚也令之源也終其事而不享其利以

高尚為事可企而則也不事王侯可以尚之也

䷒ 兊下坤上

臨元亨利貞至于八月有凶彖曰臨剛浸而長說而順

剛中而應大亨以正天之道也至于八月有凶消不久也

陰陽迭盛天道成焉陽長而萬物生君子之道行小人望之而服也剛長正以應說而順之大亨以正也夫物有長也必有代也陽雖維陰至於陰盛則不復維矣君子當其時内惕而不自得焉觀時之消息也臨代坤之二也極六位而陰及代之矣數之變也凶其久乎月陰之物來代陽也故八月凶

象曰澤上有地臨君子以教思无窮容保民无疆

澤上有地地取潤於澤剛臨於柔小人取則於君子思其教周而无已也則能保民安衆而應其无疆也

初九咸臨貞吉象曰咸臨貞吉志行正也

四為我應能感柔也則制之自我矣豈四其志哉感其從正者也故得吉矣

九二咸臨吉无不利象曰咸臨吉无不利未順命也

剛浸而長履位得中有其德而能感五以從已也則

五順於二二未盡順於五也尊而順剛德曰崇故无不利也

六三甘臨无攸利既憂之无咎象曰甘臨位不當也既憂之咎不長也

陰以居上柔接以臨之甘辭以說之失其正也下有其人而悟其非道而能憂之則咎不長也

六四至臨无咎象曰至臨无咎位當也

應於初則剛之教而守當其位盡柔之道臨之至也

无憂邪之咎矣

六五知臨大君之宜吉象曰大君之宜行中之謂也

二以剛長五能感而從焉知之以能授之以政可謂智矣大君之宜能臨天下者如此矣行能得其中也

上六敦臨吉无咎象曰敦臨之吉志在内也

四五皆應於陽上為至順亦歸而從之遠而志於陽厚於君子之道順時知機吉又何咎哉

䷓ 坤下 巽上

觀盥而不薦有孚顒若彖曰大觀在上順而巽中正以觀天下觀盥而不薦有孚顒吉下觀而化也觀天之神道而四時不忒聖人以神道設教而天下服矣

觀上觀下也下順上巽觀上之風從而化之上巽下坤觀下之情而設教也剛德上行為天下之大觀得其中正大順而巽以從之也古者先王之治天下為風之首者非他也禮之謂歟敬其禮之本歟宗廟其敬之大歟盥其祭之首歟取諸潔敬者也禮也者物

得其履而不謬也措之天下無所不行本於其敬也
敬發乎情者也盡則誠信誠積中而容作於外施於
人而人順也敬之盡者莫大於孝莫大於尊親愛之
故貴之貴之故尊之昔者周公郊祀后稷以配天宗
祀文王於明堂以配上帝是以四海之内各以其職
來祭天地無不敬其親者此不令而民化上矣宗廟
之始者盟也得其始盡其敬誠其孝然後能事宗廟
鬼神也其先祭也散齋三日以定志致齋三日以一

慮其将祭也恫恫乎恐懼如将見之詩云明發不寐有懷二人思之深也其敬齋也先祭而告慟哭反矣況至於盥乎盥者祭之道可觀其首敬也薦者養之道故盡其敬竭其情則能備物矣所以假外物而成孝子之心也非禮之本也故不在於薦矣觀其誠信顒若而已民知其敬上也聖人申其情行其事而成教於天下雖天子必有尊也則神道報其情也此先王設教之端而天下大服也

象曰風行地上觀先王以省方觀民設教

草木從上之風而偃也故先王察其方所觀其俗性不易其素履則民自行其道也

初六童觀小人无咎君子吝象曰初六童觀小人道也

柔而无位遠於大觀童蒙而无所觀小人之道也

六二闚觀利女貞象曰闚觀女貞亦可醜也

當大觀之時不能遠於所觀而顧覬覦為正施於女子守正則可矣君子之醜也

六三觀我生進退象曰觀我生進退未失道也

大觀在乎中正已處下體之上風化之出而及於民進其道也呆以奉之退而謙也故觀我生之風化進不陵上退不廢職或從王事可謂不失其道矣

六四觀國之光利用賓于王象曰觀國之光尚賓也

履極臣位順而承上為上之巽國之光也煥乎可觀利於用也為王者之上賓

九五觀我生君子无咎象曰觀我生觀民也

為觀之尊天下風化之首也我之生化備於民矣觀其民有君子之風乃天下无所歸咎也

上九觀其生君子无咎象曰觀其生志未平也

過居无民之位乘五之上憂悔之地志不得平也亦在王教而已自觀有君子之風乃无咎也

子夏易傳卷二

欽定四庫全書

子夏易傳卷三

周易

上經噬嗑傳第三

䷔ 震下 離上

噬嗑亨利用獄彖曰頤中有物曰噬嗑噬嗑而亨剛柔分動而明雷電合而章柔得中而上行雖不當位利用獄也

剛物在頤中曰噬嗑故噬而嗑之其道乃通刑以齊之者也分剛於柔分柔於剛象交得其情也動而明之義皆得於理也雷震電照威以明之隱無不彰果辨之也柔上治之主也雖不若剛德而運於無所用獄而正之者也

象曰雷電噬嗑先王以明罰敕法

雷震電照震而後明得於情實也先王明其罪告其法然後誅之而民莫怨其上也

初九屨校滅趾无咎象曰屨校滅趾不行也

屨校以木禁足如履屨也罪其初過之小也懲而戒之校足没趾而已其咎不行小人福不至於大罪戒為治者不可以不禁其微

六二噬膚滅鼻无咎象曰噬膚滅鼻乘剛也

噬而得位物不敢抗噬膚之易也乘剛者恃其强也不可以輕輕則反為害矣噬深而滅已然後免於咎乃得於中也

六三噬腊肉遇毒小吝无咎象曰遇毒位不當也

柔僭剛位以之刑物如噬腊之難也則反謀為毒矣慮毒而未傷則懷懼而不果刑也免之矣噬之不盡小吝者也毒不終害故无咎也

九四噬乾胏得金矢利艱貞吉象曰利艱貞吉未光也

上近於尊多懼之地陰之位也以斯用刑未為得其道也噬乾胏矣果於剛直無所回邪曰金矢也雖勇於敢位未當也豈足光哉行法而已艱以承之不失

其正得其吉也

六五噬乾肉得黄金貞厲无咎象曰貞厲无咎得當也

柔以噬物亦為難也噬乾肉矣位尊民服所以可制

因於剛之道也治至於刑正之危也得中當理故無

咎也

上九何校滅耳凶象曰何校滅耳聰不明也

噬嗑之終罪不可掩至於極刑故荷負其校以没於

耳凶滅身也小人為過之初皆知其然也不虞咎大

而不可脱也徒聞其言而不能辨其終也故耳其没

美聽之罪也

☶☲ 離下艮上

賁亨小利有攸往彖曰賁亨柔來而文剛故亨分剛上而文柔故小利有攸往天文也文明以止人文也觀乎天文以察時變觀乎人文以化成天下

剛下而柔來文之天降氣於地而為文也柔上而分剛象之地懸象於天而為文也天降氣於地周而通

也故亨地懸象於上可以觀文而則時中杀而非實應未足以濟之也故小利有攸往皆成文於天也列尊卑之序别同異之道上建治於下下繫治於上止而得其治也觀其天文可以敬授人時察其人文可以自已而化成天下治也

象曰山下有火賁君子以明庶政无敢折獄

火在山下其勢至微君子審其幾而明以出政慎以致刑懼其熾也及其末也君子奈之何哉

初九賁其趾舍車而徒象曰舍車而徒義弗乘也

剛而未位獨立其志不趨其應不茍乎乘也故飾其趾將徒行也其義豈乘哉明其時之不可也

六二賁其須象曰賁其須與上興也

得其三而為文若須之附頤也柔而位卑依剛以為文也

九三賁如濡如永貞吉象曰永貞之吉終莫之陵也

剛以得位兩柔附之賁然而有文濡如而沃其潤雖

阻他應履位相保可以長守其正則物不能陵而獲其吉

六四賁如皤如白馬翰如匪寇婚媾象曰六四當位疑也匪寇婚媾終无尤也

得位有應賁而成文故潔其儀白其馬欲翰如而速往也懼三為寇而不敢進退當位正應疑何久哉寇夷則合矣

六五賁于丘園束帛戔戔吝終吉象曰六五之吉有喜

也

不在於彩賁之佳也柔以居陽獨保儉德不因剛以為飾守中黃以為賁化之首也故賁丘園之儉焉納富用約故戔戔其束帛盈也過儉不飾雖可惜也致理於文終獲其志故吉有喜也

上九白賁无咎象曰白賁无咎上得志也

剛居柔上其尚賢也知存之而不競保始終而得治者自得其文也人之所尚也其在依柔而後飾哉超

然以素物無潔矣又何咎乎上而遠世獲乎志也

䷖ 坤上艮下

剥不利有攸往彖曰剥剥也柔變剛也不利有攸往小人長也順而止之觀象也君子尚消息盈虚天行也

剥柔乘剛也君子之道僅存也何所往哉順其時止而止之可以觀其象而適其變也夫道無定體也唯時行之消而息之盈而虚之天之道也君子之尚也故當其道往而不吝焉應其時而不自得焉

象曰山附於地剥上以厚下安宅

山高也地下也下剥上則山附於地也故君不可以制下則厚順於下因而安宅之不敢遷也

初六剥牀以足蔑貞凶象曰剥牀以足以滅下也

牀人之所安也剥之以足滅下之道潛而剥之猶未見也無陽自此始矣凶之道也

六二剥牀以辨蔑貞凶象曰剥牀以辨未有與也

剥以漸長小人漸得位也至剥其牀剥道見而可辨

也無正而得位誰與之哉凶之道也

六三剥之无咎象曰剥之无咎失上下也

羣小剥上已獨應之无咎者也猶應離羣失衆之趨也

六四剥牀以膚凶象曰剥牀以膚切近災也

剥至上體過牀以及膚近於災也凶其危也

六五貫魚以宫人寵无不利象曰以宫人寵終无尤也

剥上於五爲剥之主能得其中上承於陽反止羣小

羣小由之貫魚寵以宮人不害外正何不利焉則終無尤矣

上九碩果不食君子得輿小人剥廬象曰君子得輿民所載也小人剥廬終不可用也

極剥而保於上大果有子拔不食者也極消則息道斯來矣君子厚德以藏垢也故民所載矣小人矜忌而偶怨也故剥人之廬終不可用也復而不敵怨於剥者君子也

䷗ 震下坤上

復亨出入无疾朋來无咎反復其道七日來復利有攸往彖曰復亨剛反動而以順行是以出入无疾朋來无咎反復其道七日來復天行也利有攸往剛長也復其見天地之心乎

陽反入於下而復其所出而動以順行出入而無閒何疾之有一陽長而羣陽至焉君子之道通也其何咎乎易六位而成文也乾之姤剥陽之初九陽道消

也極六位而反於坤之復其數七日其物陽也陽統陰之理也陽雖消而復之不遠之而不絶也其天道之行歟反而復行其道也剛長也君子可以利攸往矣夫易者易也剛柔相易運行而不殆也陽爲之主焉陰過則陽滅陽復則陰剥晝復則夜往夜至則晝往無時而不易也聖人是以觀其變化生殺也往而復之也而無差焉謂陽生而爲天地之心天地之心與物而見也將求之而不可得也子曰天下何思何

慮天下殊途而同歸一致而百慮聖人之與天地一也以萬物為之心也何已心之往哉故有以求之不至矣無以求之亦不至矣是聖人無而有之而易行乎其中矣可無辨乎

象曰雷在地中復先王以至日閉關商旅不行后不省方

冬至陽潛動於地中也帝王者體化合乾故至日閉關絶行不務察事以象潛之勿用與時之更始也

初九不遠復无祇悔元吉象曰不遠之復以脩身也

陽生也復於初也脩身之道生非而復復之不遠也

不適於邪也得大吉矣

六二休復吉象曰休復之吉以下仁也

陽生也仁也二得位而歸復之陰之道不行而得其

息矣得仁而行吉之道也

六三頻復厲无咎象曰頻復之厲義无咎也

極於下體遠之復也危而憂之頻而復之茍知復也

雖危何咎

六四中行獨復象曰中行獨復以從道也

諸陰或復利仁而行也四自應之安仁而適也時有其復異於上下行能得中復以至於道也

六五敦復无悔象曰敦復无悔中以自考也

遠陽過應悔之道也安而守中志能自考也自考也者窮其理而盡其性也故遠以復之厚於德也故无咎矣

上六迷復凶有災眚用行師終有大敗以其國君凶至于十年不克征象曰迷復之凶反君道也

復陽於下其道未著陰求復之者或利之而復或自考而復皆心自復非陽力之能制也至於上遠之極也不能自復不知陽之仁也故據衆之上迷其復凶之災也雖用衆必大敗也以其不徃時而反於尚君之道也至於窮數而不能征也

䷘ 震下乾上

无妄元亨利貞其匪正有眚不利有攸往彖曰无妄剛

自外來而為主於内動而健剛中而應大亨以正天之

命也其匪正有眚不利有攸往无妄之往何之矣天命

不祐行矣哉

天德在上求賢以治時在乎前也剛自外來而踐其

初而為治主於内其體動而健上剛中而下柔應之

上下一德理無違者非大亨以正乎此天之命上使

之行下得陳其力也其匪正而往非上之至違於天

背於時也行矣哉不可行者也

象曰天下雷行物與无妄先王以茂對時育萬物

天下雷行雷動而震物得其生自正其命相與不妄

矣故先王求有德以茂其治對時而養萬物

初九无妄往吉象曰无妄之往得志也

以剛而來居内卦之下志行其正以輔於乾為佐治

之主往來必得其志也

六二不耕穫不菑畬則利有攸往象曰不耕穫未富也

剛正而在乎前柔守位而上應也其可妄乎不合初以首事不與鄰以謀富故不耕菑穫畬而已矣承令而行則利其往也

六三无妄之災或繫之牛行人之得邑人之災象曰行人得牛邑人災也

陰妄居陽災之道也牛者陰之類也非所履而履之繫之者也四近而得之非其本合行人之得也本應於上邑人之謂也上道窮而爭合故受之災以其行

人得牛而致其忿也

九四可貞无咎象曰可貞无咎固有之也

係於三咎也居尊守畀正以承上得民不以為私猶可固其所有而免於咎

九五无妄之疾勿藥有喜象曰无妄之藥不可試也

剛自外來為主於内動而得民往而獲志道既盛矣則疑疾之也夫以剛動强志在於正攻之則反害從之則成功故藥之增剥待之終吉

上九无妄行有眚无攸利象曰无妄之行窮之災也

乘於剛上於尊而又爭應窮高極危妄之甚也復何

往哉無所利也

☶☰ 乾下艮上

大畜利貞不家食吉利涉大川彖曰大畜剛健篤實輝

光日新其德剛上而尚賢能止健大正也不家食吉養

賢也利涉大川應乎天也

剛健而上求於艮非輝其光而日新其德乎剛上而

尚賢尊杲以奉之重其德承其道也能止健以為大正也賢不肖非其畜也禄之以公食勤之以民治成上之功畜而盡其能也應乎天也於何而不濟乎是以利涉大川也

象曰天在山中大畜君子以多識前言往行以畜其德

天在山中小能畜大也君子之畜大也前言往行多學而究之論辯而擬之以畜為德也

初九有厲利已象曰有厲利已不犯災也

上畜之初何可自任故居而待命則利往而違上則厲也

九二輿說輹象曰輿說輹中无尤也

大畜之下體為上之畜履無位應中安其所畜故脱輿輹而不往任上之畜也終無尤也

九三良馬逐利艱貞曰閑輿衛利有攸往象曰利有攸往上合志也

奉上之勞而不敢自獲其志至終得治則因其道焉

故開國承家其道自利馳良馬也自任不可以縱緩則失矣艱而守正乃利閑習乘輿備其左右則利有攸往矣上大畜之終則盛大矣無不通也習輿備衛所以合上之志而皆通也

六四童牛之牿元吉象曰六四元吉有喜也

牛陰類也而又童焉居牢而安能止其健不勞其備而得其用則何往而不濟焉故大吉有喜也

六五豶豕之牙吉象曰六五之吉有慶也

四止於初童牛而喜不勞而得下之效也至於五下則剛長事斯大矣故有備而勞乃獲其用也其吉於豶豕之牙焉豶豕豭之無陽者牙劣而不用可也以大中而獲乾也事之大濟故有慶也

上九何天之衢亨象曰何天之衢道大行也

大畜巽其成也剛上也爲柔尚之佐時行道止健而致於治也既成而大通矣於何往而不可哉故上九曰何以爲也雖天衢而通也可謂大行也已矣

䷚ 震下艮上

頤貞吉觀頤自求口實彖曰頤貞吉養正則吉也觀頤觀其所養也自求口實觀其自養也天地養萬物聖人養賢以及萬民頤之時大矣哉

頤口頬也下動而上止其為頤乎身之而養也頤為養乎民由上養正乃吉也止而待之養之道也動而求之見利遷也故下動皆凶上止皆吉觀頤自養正為吉乎萬物待天地之養也百姓待聖人之養也聖

人待賢人之治也故在於養賢則聖人昭昭焉分賢不肖白黑也中人效而為之其意無別也不知賢孰果謂天下之賢也故曰大哉

象曰山下有雷頤君子以慎言語節飲食

山中雷震養萬物是謂頤之象也言語者禍福之幾也飲食者康疾之由也動止得其道身乃安頤莫過是也

初九舍爾靈龜觀我朵頤凶象曰觀我朵頤亦不足貴

也

初以動之先嚼而求徒朶其頤而已恃三之附以為己之才也而又趨其應不卜吉凶之去就多求養而無節凶其宜也雖附又應豈足貴哉

六二顛頤拂經于丘頤征凶象曰六二征凶行失類也

倒養於下近而非應違其常理也丘頤地之高剛而上者也震體動則頤下體皆上也動而上求之謂也

養於初矣而又上征無其應也是失其類無恒拂常

於頤之上凶之道也

六三拂頤貞凶十年勿用无攸利象曰十年勿用道大悖也

剛動柔朶猶為凶也況失位之柔也雖應於上上剛而極止下柔而極動性極相違求養於上違背之道無甚於斯故征之凶也至於數極而不見用无攸利也

六四顛頤吉虎視耽耽其欲逐逐无咎象曰顛頤之吉

上施光也

頤貴其止於正也雖下顛養而得位靜止施而不求故吉也非無情也止以待時故視其所視不眊盱也非無欲也義然後取待逐安其所也頤之吉雖顛而无咎也

六五拂經居貞吉不可涉大川象曰居貞之吉順以從上也

居尊而上從己無政而不能於化違其常理者也附

賢守正而吉矣不可涉難也

上九由頤厲吉利涉大川象曰由頤厲吉大有慶也

陽艮主也五附之而保其尊三應之而保其至頤之得養由上止而成也居位擅民厲之道得時可尚故吉而有慶也剛以濟衆何險之有乎是以利涉也

䷛ 巽下兊上

大過棟橈利有攸往亨彖曰大過大者過也棟橈本末弱也剛過而中巽而説行利有攸往乃亨大過之時大

矣哉

大過强大者能過也本無正而末不能治者也棟既橈矣法無從矣何所承乎唯强行者不拘於細不守其弊過之而後治也下剛過中上巽而後悅行利往而後乃亨從大然後過也非才大者不能行權而合悅也

象曰澤滅木大過君子以獨立不懼遯世无悶

木為澤所没下過其上也本無政矣舉而治之亦無

患也故君子當於是獨立而濟不懼羣邪然後能通過上乃行雖曰得之不足以榮也遭其用遯世無悶失之不足恥也

初六藉用白茅无咎象曰藉用白茅柔在下也

君子之於大過也必本於誠敬然後濟之也雖曰藉用白茅薄之至而誠之著也柔處於下謹敬於初不私於己則動而无咎矣

九二枯楊生稊老夫得其女妻无不利象曰老夫女妻

過以相與也

陽舉於陰過初之本事過其位剛而得中行權以合說也老夫重合女妻枯而復生其實時過而相與得復生之理故其无不利也

九三棟橈凶象曰棟橈之凶不可以有輔也

不能拯弱自守其位棟之橈也而又應柔本末弱矣柔何輔焉凶之道也

九四棟隆吉有它吉象曰棟隆之吉不橈乎下也

以陽而與其柔志在拯時也得其吉矣情以求應不撓於下也不能自與可惜也已

九五枯楊生華老婦得其士夫无咎无譽象曰枯楊生華何可久也老婦士夫亦可醜也

陽處陽也自守而已不能大過者也雖欲拯之其能得乎不足以濟衰也則老婦得其士夫猶枯而徒華可醜而已當尊而德不能濟力而不能勝也無功可譽亦無咎矣

上六過涉滅頂凶无咎象曰過涉之凶不可咎也

過涉衰危之極罪咎之地也況以柔終乎過涉之深

滅其頂頂滅身之終也於何而咎哉

☵☵ 坎下坎上

習坎有孚維心亨行有尚彖曰習坎重險也水流而不

盈行險而不失其信維心亨乃以剛中也行有尚往有

功也天險不可升也地險山川丘陵也王公設險以守

其國險之時用大矣哉

習重也水重至流而不盈乎兩坎也為其嫌於止水也故以習坎名之剛中而有孚浚之斯流流之斯止浮之斯濟沈之斯溺不違於人而人不可欺不失信於險也夫行險而自能通者固繫於心乎能剛中志果濟乎險而得其道者則行險而有功也天險絶其升也地險山川丘陵也天地猶險以成而況於人乎王公設城池以險國也剛中藏用以應險也物之情而為險之用非知者不能用而終於正也

象曰水洊至習坎君子以常德行習教事

水至柔而順剛中而信故能險而不滯也雖洊流而至其道一也故君子以常行而存乎中習教事以禦其險則得其正而有功也

初六習坎入於坎窞凶象曰習坎入坎失道凶也

初柔而居重險之下質弱而無心不知濟險之道習坎而入於坎窞何以濟乎故凶也習重也謂治其事也

九二坎有險求小得象曰求小得未出中也

居坎之内前尚有險也行險得中而二柔附之體險而有功也雖求小得未出險中也

六三來之坎坎險且枕入於坎窞勿用象曰來之坎坎終无功也

位剛而以柔治難矣況兩坎之間乎二剛險也而且枕之求可得乎上坎之底坎窞者也之可得乎進退莫可終無功也

六四樽酒簋貳用缶納約自牖終无咎象曰樽酒簋貳剛柔際也

陰弱質也附陽而濟居於上體依五得位濟其險矣夫欲上之盡者必自盡者也誠之至豈假於豐哉則樽酒而簋副器約而納寡自至於牖以盡其忠剛柔之際承上之道也終何咎矣

九五坎不盈祇既平无咎象曰坎不盈中未大也

在坎中矣坎豈盈乎夫濟險者盡斯泰乎斯無咎矣

處其險尊安而不慮則險為咎矣未至乎大可無慎歟

上六繫用徽纆寘于叢棘三歲不得凶象曰上六失道凶三歲也

柔而無心小人也乘剛而履於極險居於峻法之時行極險之事故用繫纆索寘於叢棘失其謀身之道也以是三歲而凶乃終

☲☲ 離下離上

離利貞亨畜牝牛吉彖曰離麗也日月麗乎天百穀草木麗乎土重明以麗乎正乃化成天下柔麗乎中正故亨是以畜牝牛吉也

麗安附也而利以正故能通也日月得天故能長守其明百穀草木得乎附土故能永保其種麗其所麗者也上下皆明咸安其處利而不正何為化成矣柔麗大中强而不武利而得正化之元也是以能通天下也故畜牝牛柔而彊力以濟者相麗之道也

象曰明兩作離大人以繼明照于四方

兩明嗣麗天下大明也得麗之大者莫過於大人麗於大位也累聖之治兩明而繼而天下化矣

初九履錯然敬之无咎象曰履錯之敬以辟咎也

求保所安者履其初錯然內省而敬懼之即能保所麗而免於咎也

六二黄離元吉象曰黄離元吉得中道也

黄者文之中也柔居中正治麗其文故元吉也

九三日昃之離不鼓缶而歌則大耋之嗟凶象曰日昃之離何可久也

三日將進之地也在於離麗得其止則吉過之則凶離明而行陽麗於三止於所也可以鼓缶樂終於此矣過以求之日之昃也將何往哉耋之凶也易戒其於分而麗得所也

九四突如其來如焚如死如棄如象曰突如其來如无所容也

四者行上之道首進之地進逼於五不當其位無德之至突如而來如也五尊嚴之盛不可陵也故爲焚如而死棄矣摶殘之而不容也

六五出涕沱若戚嗟若吉象曰六五之吉離王公也

柔居尊陽故爲下之謀也有乘剛之逼焉故爲出涕矣以柔正而居王公之位憂嗟之深天下歸助故終吉

上九王用出征有嘉折首獲匪其醜无咎象曰王用出

征以正邦也

柔之道非天下大服焉故終於用師之正以重明之治為天下之麗以柔順之德為天下之歸其終或用師則出征而折首矣有其嘉以剛終也獲其非類而天下正也

子夏易傳卷三

欽定四庫全書

子夏易傳卷四

周易

下經咸傳第四

䷞ 艮下兌上

咸亨利貞取女吉彖曰咸感也柔上而剛下二氣感應以相與止而說男下女是以亨利貞取女吉也天地感而萬物化生聖人感人心而天下和平觀其所感而天

地萬物之情可見矣

二氣之相感應也中無間也故得萬物變化乎其內天氣下降而地氣上濟陽下陰而陰從陽也止於所說其利之正也故取女以之吉也而感應之道取焉聖人無為與天地準寂然虛中通天下之情因其情而通天下之故而感得其治則天下和平矣夫相下而不私則感之而通也觀天下萬物之情而感一也彖語其感大者如此也至於爻則形相趨也利相逐

也豈及於感之至哉天下忘於情而有累於質者則於物不盡矣故見利則躁後時則絶皆凶悔之道也

象曰山上有澤咸君子以虚受人

澤說來也山止受也君子感人之來虚中以止之受其情也情之得治之生也失其情得治者未之有也

初六咸其拇象曰咸其拇志在外也

拇體於下者將行之物也有應於外始有志於感而未行也未涉於吉凶之鄉也

六二咸其腓凶居吉象曰雖凶居吉順不害也

下體之中當於腓之為物足往斯往矣獨而往之即

妄動也何益於行乎妄動則不見其情也不得於事

宜其凶哉居以守位順以待令吉矣得其中者也

九三咸其股執其隨往吝象曰咸其股亦不處也志在

隨人所執下也

居下體之上隨上體而往止亦非自處之物也感止

於下以下事而求感也豈由已乎執賤隨感可惜者

也

九四貞吉悔亡憧憧往來朋從爾思象曰貞吉悔亡未感害也憧憧往來未光大也

升於上體而兼於下始以兩體相逐追也凡物以形利相感者未極於志也神遇者豈假役哉無慮澹然而居於形之上不言而信不行而至天下感之況於明乎而以形質相感未感則害至故貞吉而獲悔亡憧憧相追朋乃從思

九五咸其脢无悔象曰咸其脢志末也

至脢心脊之肉近於心也感近於情而非志也故無悔而已可以言者物之質也況其脢乎

上六咸其輔頰舌象曰咸其輔頰舌滕口說也

感至極未有至於言說而已於情遠矣何足咸哉浮之甚也

☳☴ 巽下震上

恒亨无咎利貞利有攸往彖曰恒久也剛上而柔下雷

風相與巽而動剛柔皆應恒恒亨无咎利貞久於其道也天地之道恒久而不已也利有攸往終則有始也日月得天而能久照四時變化而能久成聖人久於其道而天下化成觀其所恒而天地萬物之情可見矣

恒而得其久也剛上而柔下剛柔交而下承也雷行風從增其大遠矣巽而動往無不從也剛柔皆應外内達也此可久之道也能久則通矣保其無咎矣利而得正矣久而得其終始之道也則何往而不利焉

天地恒久也而萬物生聖人恒久也而天下化以恒久而觀之天地萬物之情得其恒者長也

象曰雷風恒君子以立不易方

雷之震風必從之君子行必由其道得其恒而增其恒而增其大也故獨立其所不以物易

初九浚恒貞凶无攸利象曰浚恒之凶始求深也

恒者久於其道不煩而物自歸也處於極下深底者也不修其恒不度其分遂求其應初以深極而求於

人人斯竭之矣何以終乎正之凶而无所利也

九二悔亡象曰九二悔亡能久中也

非其位久失道也剛而自正退而久中可以悔亡

九三不恒其德或承之羞貞吝象曰不恒其德无所容也

三者終下至上之地進退之所也不能修德守位而復上以求應無其恒也何以容哉以是為政可惜者也

九四田无禽象曰久非其位安得禽也

承上之地柔以奉上而剛居之求應於下位已失矣

安所獲乎

六五恒其德貞婦人吉夫子凶象曰婦人貞吉從一而

終也夫子制義從婦凶也

從係以為正守中而為恒婦人以之吉也夫子可以

制義矣而從人之政狹之至矣固其凶也

上六振恒凶象曰振恒在上大无功也

極上終盡之地柔振而將久之道窮也久何之乎雖有其應不足振也失時之極無功已矣凶之道也

☶☰ 艮下乾上

遯亨小利貞彖曰遯亨遯而亨也剛當位而應與時行也小利貞浸而長也遯之時義大矣哉

陰長而君子外於時也隱其道逃其情從而正之而後乃亨夫彼之生也微其終大而不可禦者時之來也故君子覩其兆而不待其至也當位而應猶不果

制與時行而已矣陰浸而長其患未害我志猶行也故小利而貞剛而應柔和而不同遯而反制非大德不能消息也

象曰天下有山遯君子以遠小人不惡而嚴

山侵於天下通上也君子逃情於小人不以力爭嚴以制也

初六遯尾厲勿用有攸往象曰遯尾之厲不往何災也

遯以逃避患也患未至而首遯之則遠於患矣陰過

二矣而後遯焉遯之尾也見而逃之反相疑也不往而和則何災哉

六二執之用黄牛之革莫之勝説象曰執用黄牛固志也

小人之道狹而鮮親至於履位人多逃也則以法執也或係之以利質之以愛然後人不得去堅其志而不可拔也乃得小人之中而獲其順矣

九三係遯有疾厲畜臣妾吉象曰係遯之厲有疾憊也

畜臣妾吉不可大事也

係志於陰不能遯也為小人所制危憊之道也施於畜臣妾吉也係於鄙賤豈可大事乎

九四好遯君子吉小人否象曰君子好遯小人否也

君子知幾絶而好遯小人情係不能遯也

九五嘉遯貞吉象曰嘉遯貞吉以正志也

當位相應能制於内遯情而治志在乎正可謂遯之嘉也

上九肥遯无不利象曰肥遯无不利无所疑也

過於卦外無應小人不勞慮於進退可謂遯之肥而無不利也

☳☰ 乾下震上

大壯利貞彖曰大壯大者壯也剛以動故壯大壯利貞大者正也正大而天地之情可見矣

陽剛也大也剛而不邪大而能周時而後動故大者壯而得其正也天地以正大而得其生聖人以正大

而天下化其道剛動而大者正也

象曰雷在天上大壯君子以非禮弗履

雷在天上陽氣大行君子得其道也非禮弗履保其壯也

初九壯于趾征凶有孚象曰壯于趾其孚窮也

剛以處下不有其大初而遂用其壯也壯在乎趾何以用哉以之而征凶其宜也故信有窮也

九二貞吉象曰九二貞吉以中也

守正處畢得中之道全其壯也故貞吉矣

九三小人用壯君子用罔貞厲羝羊觸藩羸其角象曰

小人用壯君子罔也

剛居上而得位也小人知進不知退故用其壯也壯

必見傷正之危也四剛在上將陵過之能容無忌必

羸閡矣君子達於幾危故不用也

九四貞吉悔亡藩決不羸壯於大輿之輹象曰藩決不

羸尚往也

為剛長之首升於上體守於臣位志在除邪疑其逼也故貞吉乃悔亡矣往皆柔也物無逆之藩決而不羸也居大臣之任可以載其剛之用也

六五喪羊于易无悔象曰喪羊于易位不當也

剛長也而以柔乘之五陽也而以陰處之雖欲用壯是喪其壯而不難也質柔而不可恃也柔不終拒尊中獲存故无悔也

上六羝羊觸藩不能退不能遂无攸利艱則吉象曰不

能退不能遂不詳也艱則吉咎不長也

柔居壯極非其壯而用壯也將觸藩矣恃應而往不能退也質弱道窮不能遂也進退無可安所之哉若自守其柔艱以為志不敢盈殆得其吉矣

䷢ 坤下離上

晉康侯用錫馬蕃庶晝日三接彖曰晉進也明出地上順而麗乎大明柔進而上行是以康侯用錫馬蕃庶晝日三接也

明出地上聖人順民而麗於大明光於天下方無滯於幽也故柔進而上行附於大明之中極人臣之位任為治之主故謂為康侯錫以多馬晝日之間而三接也

象曰明出地上晉君子以自昭明德

明出地上大明之道可進之時也君子著其明德求上知之

初六晉如摧如貞吉罔孚裕无咎象曰晉如摧如獨

行正也裕无咎未受命也

有應於上可以進也應近於五未獲於情慮其得之薄故摧如不進以柔守下也復以自知正之吉也未爲上信未受上命故脩德自退寛以居之終无咎矣

六二晉如愁如貞吉受茲介福于其王母象曰受茲介福以中正也

得位而進無應而愁如也夫以謹順中正憂勤其進非唯獲吉抑受其福也五以陰而降德也苟能立身

行道當時大明何必待於應乎王母陰尊而幽遠者猶知福之況其明王乎

六三衆允悔亡象曰衆允之志上行也

處上又進悔之道也衆允志合故進不非故悔亡也

九四晉如鼫鼠貞厲象曰鼫鼠貞厲位不當也

上奉於五下據其民剛強處卑進不當位其竊位也如大鼠焉貪而無禮不能終矣以之為重危之道也

六五悔亡失得勿恤往吉无不利象曰失得勿恤往有

慶也
臣當君任正之道也以明盛而進弼成王化而為治主也夫以明正為治者則天下各當其才矣何恤乎失得哉以斯而往吉其宜也故無不利矣
上九晉其角維用伐邑厲吉无咎貞吝象曰維用伐邑道未光也
以柔德治者不能威肅天下也故其終多用師焉進過於禮故曰角進極於終民或叛也明正久著人多

協焉猶用伐邑雖危吉也則咎自免矣治物不以德以之為政可惜之也

☷☲ 離下坤上

明夷利艱貞彖曰明入地中明夷内文明而外柔順以蒙大難文王以之利艱貞晦其明也内難而能正其志箕子以之

明入地中上無以明天下無所見也艱以事上不失於正利也故文王内文明而外柔順也箕子蒙難而

能正其志晦其明者也

象曰明入地中明夷君子以蒞衆用晦而明

明入地中藏其明也民可使由之不可使知之故君子之蒞衆也外用晦以使民内保明以為治

初九明夷于飛垂其翼君子于行三日不食有攸往主人有言象曰君子于行義不食也

小人賊害之時有明則傷矣初以君子之德剛而不回故為時忌之深也以其無位猶且遠患庶以速奔

也故絶其迹隱其形三日而不敢食逃難而遇人人必疑言矣害明之深懼人之見也君子畏害而速去其義豈遑食哉

六二明夷夷于左股用拯馬壯吉象曰六二之吉順以則也

守中順則無猜者也而已道不行矣夷于左股者馬故與之拯馬而馳逐也且内明以外順雖傷左而右存與時並行不失其吉也

九三明夷于南狩得其大首不可疾貞象曰南狩之志乃大得也

為文明之主夷終則進也上六遠其明雖高而至晦也應其誅焉時之得向明而南廵狩也獲其大首耳其汙俗漸正而已不可疾也

六四入於左腹獲明夷之心于出門庭象曰入于左腹獲心意也

守以下位順以上承自右而入於左腹獲其心意也

順以避患止守於分明其歸自異矣出於門庭不遠行也

六五箕子之明夷利貞象曰箕子之貞明不可息也

在難之内而能保明其中智以藏之愚以晦之得其正而時不能遷也則明豈息哉得中之道亡而能有故箕子當之矣

上六不明晦初登于天後入于地象曰初登于天照四國也後入于地失則也

晴而過中至明夷之極晦之至也位高勢崇登于天也失道將覆入於地也

䷤ 離下巽上

家人利女貞彖曰家人女正位乎內男正位乎外男女正天地之大義也家人有嚴君焉父母之謂也父父子子兄兄弟弟夫夫婦婦而家道正正家而天下定矣

正家之道在於女正女既位而男位正也故聖人設昏禮焉重而娶之當其位也然後可保其久矣夫婦

正家道之先上下之始也嚴君之道始焉父母之道出焉故嚴其君則父父子子兄兄弟弟夫夫婦婦家道咸正而天下定矣

象曰風自火出家人君子以言有物而行有恒

火出而風鼓之炎乃大也女正而男久之家乃成也必由内生而外成也言必有在而不茍行必守常而不雜此家人之則而正其本也

初九閑有家悔亡象曰閑有家志未變也

家人之道在於防邪防防閑在於初也及其志未變而正之則不至於悔矣得之制者也

六二无攸遂在中饋貞吉象曰六二之吉順以巽也

婦人之職正其中也无所遂其成在中主饋而已體柔順而剛巽之得正之吉也

九三家人嗃嗃悔厲吉婦子嘻嘻終吝象曰家人嗃嗃未失也婦子嘻嘻失家節也

體之上家之長剛以嚴之故嗃嗃威下也家人之性

不喜服也雖悔有厲乃保其吉也婦子嘻嘻從下之性何以節其中哉可惜也已

六四富家大吉象曰富家大吉順在位也

柔承於尊位高而順故得家之富保其大吉也

九五王假有家勿恤吉象曰王假有家交相愛也

剛尊配應夫婦之正而家道正矣王至有家天下刑於上也親以相親交以汎愛何憂乎禍亂哉故能保其吉也

上九有孚威如終吉象曰威如之吉反身之謂也

剛得終於家人天下化之信而行之人人正家而自為治也夫以家人威信之道始以令人也其終也人反信已焉人反敬已焉威信及而天下之治至矣

☲☱ 兑下離上

睽小事吉彖曰睽火動而上澤動而下二女同居其志不同行說而麗乎明柔進而上行得中而應乎剛是以小事吉天地睽而其事同也男女睽而其志通也萬物

睽而其事類也睽之時用大矣哉

睽異也上火下澤火炎上澤潤下性之異也二女同居志各異行是以睽也此獨化不足失其全用睽而為合也他用小事同矣事之同則相說明其宜也柔進上行而應剛小得其中睽而應其正故小事用之吉古者聖人之治也用天下之物成天下之事取異物相制或以相合其類多矣則天下無不同也至於天地之殊男女之別體異而事同況乎小物也子曰

弦木為弧剡木為矢蓋取諸睽合衆材各睽其小體而成其大器覩是而他可知也夫濟天下之務者豈止於一材乎非聖人不能合睽而為功也

象曰上火下澤睽君子以同而異

上火下澤志睽者也中有小事之用焉君子合異以同其事同則務濟類非不可以无别无别則亂生故君子同其事而異其道

初九悔亡喪馬勿逐自復見惡人无咎象曰見惡人以

辟咎也

睽異類而同也未合而悔生也故六爻初皆咎而能免之者以其小事同也小事同者何往不同哉故皆有終也馬類之異也睽之初不相與故喪之矣終賴而相濟也則勿逐而自復矣火澤體異而相惡也惡而睽之復相遠矣見而和之何咎之有與時終睽而小事吉也

九二遇主于巷无咎象曰遇主于巷未失道也

火澤睽也而不相通隂陽匹也相求之物睽而相望合而相得曰遇巷者不遠而得也初為出門二為巷乎相得既通可无咎矣

六三見輿曳其牛掣其人天且劓无初有終象曰見輿曳位不當也无初有終遇剛也

睽始異而終有遇履非其位不安所處輿曳者也乘剛不能制下其牛掣也四與巳睽近不相得則害生矣故自上刑也履於不正是固然矣始睽而難故无

初也應而後合故有終也

九四睽孤遇元夫交孚厲无咎象曰交孚无咎志行也

睽而无應志患其孤求與同者初亦不偶合志交信孚以陽召陽非好合者故危矣同體與事故无咎也

睽无自成必自外合也故兩陽而有終焉

六五悔亡厥宗噬膚往何咎象曰厥宗噬膚往有慶也

睽而未通悔之道也終而有應故悔亡之矣宗二也

三柔比之欲以為附二噬而絕也而願合於已往何咎

哉柔膚也陽噬之易也中而有與往有慶也

上九睽孤見豕負塗載鬼一車先張之弧後說之弧匪寇婚媾往遇雨則吉象曰遇雨之吉羣疑亡也

睽之極惡其孤之深也三以失位之陰大乗其道上以文明之主觀而輕穢之怪異之先張之弧不顧之極後說之弧思合之深也無四之寇則亦親矣始睽終合而得吉也遇陰之極則好合之道成又何羣疑之有哉

䷦ 艮下坎上

蹇利西南不利東北利見大人貞吉彖曰蹇難也險在前也見險而能止知矣哉蹇利西南往得中也不利東北其道窮也利見大人往有功也當位貞吉以正邦也蹇之時用大矣哉

見險而止難其進也度德而處將以營之也蹇利西南衆順待治往而得中因衆而險下濟也不利東北遂止而不以進道窮而不能濟於蹇也

象曰山上有水蹇君子以反身修德

山上有水難之所也有德者乃能濟之君子反身修德將以有為也

初六往蹇來譽象曰往蹇來譽宜待也

柔止於初見險而待保下之安也故往則之蹇來則見譽矣

六二王臣蹇蹇匪躬之故象曰王臣蹇蹇終无尤也

得位居正而應於尊竭力致身以輔於上救其蹇於

蹇中也五能蹇而已竭焉可以保其終也

九三往蹇來反象曰往蹇來反内喜之也

得位於上内有其人安之所也故往則涉險難中來則内喜得其反而安矣

六四往蹇來連象曰往蹇來連當位實也

蹇非得中不能濟下也四得位矣可以承其上而不可獨濟也故往則蹇矣來則當其位而連於實得其所附也

九五大蹇朋來象曰大蹇朋來以中節也

在蹇之中正而得大位濟蹇之大者也居於中正而能裁制節度使賢不肖各當其所故用朋來而求伸也

上六往蹇來碩吉利見大人象曰往蹇來碩志在内也利見大人以從貴也

柔居隂極内有其應五極其蹇已又附之故往則道窮求得内附故大且吉利見以從貴也

䷧ 坎下震上

解利西南无所往其來復吉有攸往夙吉彖曰解險以動動而免乎險解解利西南往得衆也其來復吉乃得中也有攸往夙吉往有功也天地解而雷雨作雷雨作而百果草木皆甲拆解之時大矣哉

濟險而動動出於險解也道之夷而无適不達也君子可策其名也解利西南往而得衆動於外而有功也其來復吉復其所亦可以位也内剛中而得民也

有攸往夙吉趨時之敏緩則无功也天地解而雷雨作百果草木皆甲拆自然之應不疾而速也君子貴其途而通也可无夙乎非知通於物者不能通於時也

象曰雷雨作解君子以赦過宥罪

雷雨交作震澤難釋之時也久險不通人不堪也赦過宥罪應乎人心而得其解也

初六无咎象曰剛柔之際義无咎也

解緩也无阻難也況以柔守下而承於剛乎得其序也其義固无咎矣

九二田獲三狐得黄矢貞吉象曰九二貞吉得中道也

剛居中也能濟其險衆之所附也初承以奉之五正而應之衆來附之非我之貪也難以解矣可以各保其歸也守中直而保其正不干其邪得中道正之吉也

六三負且乘致寇至貞吝象曰負且乘亦可醜也自我

致戎又誰咎也

履於不正乘於二而與之負於四而係之多妄之陰貪其非有亦可醜矣寇自已致誰之咎乎以之為正可惜者也

九四解而拇朋至斯孚象曰解而拇未當位也

剛處於畀而與三相得如拇附也未當位者也非可久也故解拇而與初為朋得其正乃保其孚矣

六五君子維有解吉有孚于小人象曰君子有解小人

退也

解行險而免其險也故下多妄動焉皆上法之息從以濟險而失於緩也五以柔處中而繫有終二守其正而已矣不敢自解也故得其中吉也夫人之化上從其行也上難則小人不敢妄進也

上六公用射隼于高墉之上獲之无不利象曰公用射隼以解悖也

解釋弛緩也故多有縱焉終而獲之得其時也三應

其誅焉縱悖之甚據非其有雖欲貪戾其能終乎而公以法誅何所不獲悖解衆安无不利也

䷨ 兌下艮上

損有孚元吉无咎可貞利有攸往曷之用二簋可用享

彖曰損損下益上其道上行損而有孚元吉无咎可貞利有攸往曷之用二簋可用享二簋應有時損剛益柔有時損益盈虛與時偕行

損損下也夫上也者下之庇也可无奉乎故分下之

剛而上益於柔下不敢多而奉其上也損者益之本能損而當則民成矣大吉而无咎雖損也其道存焉可以正也有正而能損已何往而不可哉損而得於時雖至約可也竭剛以奉其道不存不可正也已矣故損益盈虛而與時偕行也剛者君子之道也故處於下以奉其上居其上以益於下君子之道也下者上之本也不可以失其所也故損益之辭繫焉為人上者不可不慮下也

象曰山下有澤損君子以懲忿窒慾

山下有澤山止其上損澤而上潤也君子之可損者

忿慾也縱之而咎生也故戒之

初九已事遄往无咎酌損之象曰已事遄往尚合志也

損貴其合時初以結之合其志也故止其事而遄往

則終无咎矣酌者損之薄也損以奉上宜乎夙也初

猶遄也其可後乎當其時雖酌之當也

九二利貞征凶弗損益之象曰九二利貞中以為志也

初遄往而酌損之貴其初合其志也於事中可以守務利其正也損非其時徒失其正征之凶也志守中正而從其事不損已以奉上而上來益已得其中道者也

六三三人行則損一人一人行則得其友象曰一人行三則疑也

一與一則志專而相應也一以待而二以應之則惑矣而況於三乎於男女則不生化矣於所求則累其

德矣於建策則多勞而寡功矣可以不慎乎故三陰行則損六三之應六三獨往則獲上矣

六四損其疾使遄有喜无咎象曰損其疾亦可喜也遠於陽而處兩陰之間待初之來而為勤望之初遄來使已疾損而有喜也亦有何咎

六五或益之十朋之龜弗克違元吉象曰六五元吉自上祐也

損而益之天之道也人之理也居尊以柔能損諸已

也則天祐之民歸之莫不感說以奉益也或也者非意之而自外至也雖十朋之龜莫違其大吉也

上九弗損益之无咎貞吉利有攸往得臣无家象曰弗損益之大得志也

損損下奉其君也上非受益之地亦臣於主也而剛正以處之五柔以奉之故不損已以奉主而為主所益也復何咎哉得正之吉也尚德而往何不利乎高而无位賛五之功雖應得臣无自有也上賢之德得

損之終反受其益大得志者也

☴☳ 震下巽上

益利有攸往利涉大川彖曰益損上益下民說无疆自上下下其道大光利有攸往中正有慶利涉大川木道乃行益動而巽日進无疆天施地生其益无方凡益之道與時偕行

為上者其道下濟也故損上之剛分而下益於柔自上下下者也中正為主益而得時何往而不可哉是

以有慶也動巽而木行也乘於大川而无險也益動而巽於人日進而无疆也天施而後地生上益而後下奉其益豈窮哉益之无當雖惠而不行也故時與而後可也

象曰風雷益君子以見善則遷有過則改

雷行而風從益其震也見善則遷有過則改益莫大也

初九利用為大作元吉无咎象曰元吉无咎下不厚事

也

益損上益下者也夫受上之益而豈徒哉必有大功而可以當之矣初以剛下為動之主能堪也大事者下者難處之地非專厚之所得其大吉乃无咎也

六二或益之十朋之龜弗克違永貞吉王用享于帝吉

象曰或益之自外來也

柔以得位受上之益得中之道能精意以奉五通於人而信於神也故外來非常之祐也夫陰之所利在於

永貞而二能盡之其於吉也雖訪諸十朋之龜不能違也長正之道豈止於臣下哉雖王用之而享於上帝吉也

六三益之用凶事无咎有孚中行告公用圭象曰益用凶事固有之也

柔處高位危咎之道也居危而受上之益非其見危致命堅志而固有其事則不免矣五為施益之主而已竭信不敢自專必中行以告之用圭以表之乃可

能行奉其中也

六四中行告公從利用為依遷國象曰告公從以益志也

原本闕傳

九五有孚惠心勿問元吉有孚惠我德象曰有孚惠心勿問之矣惠我德大得志也

有中正之德當益之尊信以令人施以心惠勿問之矣乃大吉也我信惠下下益報之上下交孚治之至

也大得其志矣

上九莫益之或擊之立心勿恒凶象曰莫益之偏辭也

或擊之自外來也

五以中正人皆歸之上九乘之過求衆附雖有其應豈附之哉獨自益之人不益矣不能修整立心勿恒多求於人人所怨也益窮反損故有外來而擊之者也

子夏易傳卷四

總校官候補知府臣葉佩蓀
校對官助教臣汪錫魁
謄録監生臣王鎮衡

周·卜商 撰

子夏易傳

（二）

中国书店

詳校官中書臣劉源溥

欽定四庫全書

子夏易傳卷五

周易

下經夬傳第五

䷪ 乾下兌上

夬揚于王庭孚號有厲告自邑不利即戎利有攸往彖曰夬決也剛決柔也健而說決而和揚于王庭柔乘五剛也孚號有厲其危乃光也告自邑不利即戎所尚乃

窮也利有攸往剛長乃終也

陽長終位而隂微也君子在位小人在野健制而能悅之不隱情也剛決而能和之不任力而剛不過中也故顯于王庭而民得治也夫用九即吉於无首也剛長即凶於用壯也道之窮則不富矣其危矣哉信有危而思患呻號終无刑乃保其光也告自邑揚而令之從也不利即戎肆剛騁力道途斯變利有攸往柔道外而剛治遂終也

象曰澤上于天夬君子以施禄及下居德則忌

澤上于天上澤以及下也上以明法決治致其平也

君子以施禄及下惠其澤也選德以居其位取則以

上為禁盡已而不敢上越也

初九壯于前趾往不勝為咎象曰不勝而往咎也

陽處體初志在乎前趾將行以求勝也壯之用斯窮

之矣下之微也何可勝哉知其不可以往之自為咎

也

九二惕號莫夜有戎勿恤象曰有戎勿恤得中道也

以剛而退守於柔知其危而懼呻號戎於昧矣可為戎无敵也何所憂乎得其中道吉也

九三壯于頄有凶君子夬夬獨行遇雨若濡有慍无咎象曰君子夬夬終无咎也

當位上應往而為壯內得其心外形于色壯見於頄也行而與邪凶之道也夫君子治己豈係於私哉雖獨行遇應而潤於我而反恕其邪志匪其失亦又何

咎

九四臀无膚其行次且牽羊悔亡聞言不信象曰其行次且位不當也聞言不信聰不明也

志進決柔而逼於上坐不能安行不能正剛而不當其位也羊者觝突不迴之物比之用壯焉能自牽繫其志不縱其壯則悔亡也是語也聽之而不能明昧為其道者也

九五莧陸夬夬中行无咎象曰中行无咎中未光也

上无位之尊也決其決至易也莧陸之柔脆也以至尊之德務至微之物則缺於與能矣夬而得中无咎而已豈足以為光哉

上六无號終有凶象曰无號之凶終不可長也

剛長而一柔尚存亡无日矣雖號之无及已也

䷫ 巽下乾上

姤女壯勿用取女彖曰姤遇也柔遇剛也勿用取女不可與長也天地相遇品物咸章也剛遇中正天下大行

也姤之時義大矣哉

陽也君人之道也正之恒也而陰來代之衆以求之其道遇也陰之賊也遇而合之仕无正也女之壯也非人倫之道不足以娶之事无恒不足以為用夫易无窮也陽不能以獨化化不可以无遇故遇而後成初茍而終固即遂其生化之大焉且物无大也无細也其得之大遇也待於外之來也豈已之由乎其在於遇人大吉則乾陽也巽陰也有天地相遇之道焉

天地遇而萬物章也剛得中正而能擇其柔聖人遇於大位也則其道大行君子遇於時輔聖人之功而天下治也品物得遇而其道乃通始微而終著也

象曰天下有風姤后以施命誥四方

人之治者火承上之風能君天下者得天下之治也施命告四方人承其命咸得其遇也

初六繫于金柅貞吉有攸往見凶羸豕孚蹢躅象曰繫于金柅柔道牽也

陰之為道宜牽于陽而守其正保其吉也君子隨遇而往无永正何以終乎凶其宜也无異于牝豕從豭遇无信蹢躅而已非久之道也

九二包有魚无咎不利賓象曰包有魚義不及賓也

陰者身之資也魚非食之珍者初非陰之正者卦无陰亦衆之所向也已得之而供其求衆失之未足深吝故獲之无咎得其中者也畜非正之物懼人之見其義豈及於賓哉

九三臀无膚其行次且厲无大咎象曰其行次且行未牽也

求初之合二已得矣胡獲焉坐而不安行而不正牽繫其柔而未得也以其不獲也而止於位故免於爭競之患雖危而无大咎也

九四包无魚起凶象曰无魚之凶遠民也

无位之陰遇斯獲矣二有之也應何為乎起已求遇之凶之道也

九五以杞包瓜含章有隕自天象曰九五含章中正也有隕自天志不舍命也

无中正之德者皆无魚以至於悔也至五德博而位尊謀其道不思其欲故食杞匏瓜而已夫以剛正之體含章明之德志在行道不舍教令如天降之也莫不咸賴矣所謂剛遇中正而天下大行也

上九姤其角吝无咎象曰姤其角上窮吝也

已過體矣何所遇乎姤於角也以是求遇可惜者也

不至於爭无吝已矣

䷬ 坤下兑上

萃亨王假有廟利見大人亨利貞用大牲吉利有攸往

彖曰萃聚也順以說剛中而應故聚也王假有廟致孝享也利見大人亨聚以正也用大牲吉利有攸往順天命也觀其所聚而天地萬物之情可見矣

順而以說柔无違也剛中正而應保其萃以通也天下大聚王者而孝享聚其昭穆剛尊而利以見也萃

其正而通也用大牲吉聚而豐之得其稱也夫聚而通之何往不利順於類正而相聚得其通而保其久也天地萬物之情見於此矣

象曰澤上於地萃君子以除戎器戒不虞

澤得地以久地得澤以潤相聚之道也衆之聚也不可以无防故君子以除戎器戒不虞

初六有孚不終乃亂乃萃若號一握為笑勿恤往无咎

象曰乃亂乃萃其志亂也

四為上應三近附之已信不終失其萃矣則心惑而志亂矣何所利哉若小能號呼自省度其可否反而哂之不以為笑靜然保居終獲其應復何憂哉往必无咎也

六二引吉无咎孚乃利用禴象曰引吉无咎中未變也

初三皆萃於四已獨守中不變其志待於五章而後為聚得其吉矣居內靡他何咎之有精意承奉信以結之豈待於豐乎雖薄而可以薦也

六三萃如嗟如无攸利往无咎小吝象曰往无咎上巽也

下皆上萃已无應焉萃如嗟如也何所利哉奉於四剛剛巽而與故往而无咎不能下已而從人位之失矣可小惜也

九四大吉无咎象曰大吉无咎位不當也

承上之地以剛處之而下據其衆非其至公奉上之心大吉則无咎也

九五萃有位无咎匪孚元永貞悔亡象曰萃有位志未光也

四有其民而權逼於己位當貴也咎何有乎尊信不行道豈光乎且陽德仁也可以長正而悔亡矣民終歸之也

上六齎咨涕洟无咎象曰齎咨涕洟未安上也

乘剛而不安違而无萃齎咨憂嘆以至於涕洟懼而內戒咎何有焉

䷭ 巽下坤上

升元亨用見大人勿恤南征吉彖曰柔以時升巽而順剛中而應是以大亨用見大人勿恤有慶也南征吉志行也

柔卑道也巽木道也其道升而大也見可而升得其時也内體巽而外順於物剛中而上應之是以亨也合大人之德用見之而勿恤有慶者也南征吉出諸幽而升於明也志獲於此矣

象曰地中生木升君子以順德積小以高大

木生浸而大也剛中而柔順也君子欲其升也立本以慎德巽於畢順於上則能積小而至於大也

初六允升大吉象曰允升大吉上合志也

巽者剛巽柔柔順剛也上彖於剛誠信相與升而合德其升矣故大吉

九二孚乃利用禴无咎象曰九二之孚有喜也

剛而能正中而无私應上以升之象豈假豐物而後

亨焉上應其誠下升而大雖非其位得其道也故有喜而无咎也

九三升虛邑象曰升虛邑无所疑也

上體順也應而升之虛邑以待也升何疑哉

六四王用亨于岐山吉无咎象曰王用亨于岐山順事也

位輔乎尊而不待諸升者通上下安險阻之任難之地也而順以當位恭以事上得其吉矣亦又何咎

六五貞吉升階象曰貞吉升階大得志也

以柔道而至於中也升階而就其位正之吉也可謂大得志也

上六冥升利于不息之貞象曰冥升在上消不富也

上而不已昧於升也時消也安所息乎利以守正不求孳孳也

䷮ 坎下兌上

困亨貞大人吉无咎有言不信彖曰困剛揜也險以說

困而不失其所亨其唯君子乎貞大人吉以剛中也有言不信尚口乃窮也

剛則困見揜於柔也險而能説雖困而通也君子之行存乎素也困而自辨而不責於人脩齊其德以自濟也五為衆之歸焉剛而能幹中而得當大人之正也亨困而吉何咎之有乎困而尚口斯窮之矣何所信乎故君子飾行以亨困而不以言也

象曰澤无水困君子以致命遂志

澤无水涸而无潤也夫積行以成其德雖致命終遂其道君子之志剛而不可拔也故能致困而不可失其道也

初六臀困于株木入于幽谷三歲不覿象曰入于幽谷幽不明也

能濟困者剛直也初以柔弱居於困窮而不安其所也而欲上應於二為二所吝幽於坎底以至於三歲而无所見不明之至也

九二困于酒食朱紱方來利用享祀征凶无咎象曰困于酒食中有慶也

剛而得中為初三之附豐於所資困酒食者矣酒困有位而得其民則受其命服而朱紱來矣夫以位畀而有民利潔敬以奉上恃權而陵征之凶也畀以自守得无咎矣

六三困于石據于蒺藜入于其宫不見其妻凶象曰據于蒺藜乗剛也入于其宫不見其妻不祥也

柔以居困力不堪也欲其往而困於四堅於石也欲其安而據於二難於蒺藜也進退无可安所存乎以至於失位而殞身也位之不當不足亨困不祥之至也

九四來徐徐困于金車吝有終象曰來徐徐志在下也雖不當位有與也

初爲之應二剛困之故遲遲而來以待其閒也位之不當不足亨困可惜也雖困於二終歸其應金車剛

而能載也

九五劓刖困于赤紱乃徐有說利用祭祀象曰劓刖志未得也乃徐有說以中直也利用祭祀受福也

物莫能兩大二之豐則五道減矣二以剛得衆而五怒其甚也將欲刑之上下敵應不能勝也故困不免矣夫居尊以忿失其道也終以中直久而說矣至誠感神況赤紱乎故精意乃受其祐矣

上六困于葛藟于臲卼曰動悔有悔征吉象曰困于葛

藟未當也動悔有悔吉行也

柔之為物不能通於困當困之終然可征矣居於上而果於剛欲其退也為葛藟係之欲其處也臲卼而難據皆不離於困也柔弱質也不能專斷語其治也何哉曰動悔有悔其處也則征矣乃吉行也

☵☴ 巽下坎上

井改邑不改井无喪无得往來井井汔至亦未繘井羸其瓶凶彖曰巽乎水而上水井井養而不窮也改邑不

改井乃以剛中也汔至亦未繘井未有功也羸其瓶是以凶也

水人之資也德人之保也自古至今其道一也故從於水而下入得水上汲而施物井之道也好于德而巽志脩德充其德而位於民上咸賴其澤德之施也故井曰德巽志脩德曰德之地不可改而非其道也酌之不竭不資於外无喪无得也君子之德其虚中无改施之不竭於何而喪其厚德也必備莫究其極

又何能得井洌可食之往來者皆井其井之用焉則君子德愽而施故往來者德其德焉非剛中之德不能至也井可食矣人近至之而未繘无功不能汲下君子雖至於德无其位不受其器未申其功也羸其瓶凶繘之失道用之非器棄先之功而及其凶也君子於器而立度行權而合物然後道可終也夫道者及物而成德也脩其德而不利濟非其道也有德无其位不建其功其德未行也有其法當於權然後能

終之故君子不可以不備德觀其井而古今之道可知也

象曰木上有水井君子以勞民勸相

木上有水上木而出以潤於木井德之施也勞也者勉民之勞也治之得宜樂其勞而生財也上讓下敬父慈子孝人之性也君子明之善而勸也非抑之制之善為事者如之也

初六井泥不食舊井无禽象曰井泥不食下也舊井无

禽時舍也

居於井下井泥者也舊井而无水者也禽何食哉窮下而質弱者矣時何用哉故舍也

九二井谷射鮒甕敝漏象曰井谷射鮒无與也

井而與下谷之流也初微隂也而注志焉中之才无施及以應不能上行而集其下事也有質而不得務德也器自弊矣誰不棄之

九三井渫不食為我心惻可用汲王明並受其福象曰

井渫不食行惻也求王明受福也

剛治其位脩已而謀治也在下之上有德者也井以上爲井也未至上出不見食也憂其行而心惻矣上應也可用汲矣阻於王之疑也若主明道通矣得其賢人王亦頼其治也並受其福

六四井甃无咎象曰井甃无咎脩井也

體上而下柔以自處无外以他其德不弘學而已矣脩井之道質弱止於无咎不足以大濟也

九五井洌寒泉食象曰寒泉之食中正也

井之治者寒泉也洌其寒又甚焉居於中正為井之主保井之德養而不窮者也道之上行人受其施皆得食其井也

上六井收勿幕有孚元吉象曰元吉在上大成也

井至上收井之功也應於下引於五博濟而不施无幕覆之為衆之信大成而元吉

䷰

離下
兑上

革已日乃孚元亨利貞悔亡彖曰革水火相息二女同居其志不相得曰革已日乃孚革而信之文明以説大亨以正革而當其悔乃亡天地革而四時成湯武革命順乎天而應乎人革之時大矣哉

火不遂其上澤不得而下故相息息也者勞而止之而得其自生也二女同居志乖而不可處故革而制之後乃成也已日而信之文明而説之剛則大中元亨以正也革而當其悔乃亡物不久革之而後成天

地革而成四時也湯武革命得其時而天下正也革非習近之所得也其大矣哉

象曰澤中有火革君子以治歷明時

澤中有火革而後存君子脩其歷數明其四時之革而授以民時也

初九鞏用黃牛之革象曰鞏用黃牛不可以有為也

革者中格事順於人而後民志堅而勉其務也從已之為而為則莫聽也其能久乎慎初者也

六二已日乃革之征吉无咎象曰已日革之行有嘉也

柔以守位中以為道上應於五有命而行已日遂革而從其制也以斯而行嘉吉也

九三征凶貞厲革言三就有孚象曰革言三就又何之矣

剛得上位専極其火性將制其應不從其革也反道背時征之凶正之危自初至三令已成矣民已信又何云也

九四悔亡有孚改命吉象曰改命之吉信志也

剛能辨志信而行正守畀上從承命而改得其道矣何悔之有

九五大人虎變未占有孚象曰大人虎變其文炳也

剛居尊而革之知變之道勇於變革易而為功也得於中而煥乎其外理著於兆矣豈俟占而知哉

上六君子豹變小人革面征凶居貞吉象曰君子豹變其文蔚也小人革面順以從君也

虎變者明其理勇於變也發而成文君子之類也大人之道也其次勇而變焉故其文蔚也内信而外説也小人无所明也安於舊俗樂於縱故革面而已也猶思其故行也則周之三監也征之凶哉居而守正獲其吉也

䷱ 巽下離上

鼎元吉亨彖曰鼎象也以木巽火亨飪也聖人亨以享上帝而大亨以養聖賢巽而耳目聰明柔進而上行得

中而應乎剛是以元亨

天下者神器也鼎者大器也其治之者必有法也故以治鼎為法焉離巽合而成象矣趾分其初也次實腹也中虛耳也上剛鉉也故曰鼎象也其義以木巽火也有亨飪之道也聖人南面而設制度使天下以器而治其大器則物无滯矣則固矣故曰鼎取新也利出否焉不置其器者也治其器必以制度制之道莫上乎立敬立敬莫先乎享上帝此制度之先也鼎

用多而致治者莫若乎養聖賢此其器也得其器行其事然後能為天下王聖人巽於聖賢則明矣以天下之目視也以天下之耳聽也於何而不至焉杗得大位歛身若不足故天下歸之剛上而尊賢剛而任能也則天下何有焉是以大有慶而能通也

象曰木上有火鼎君子以正位凝命

木上有火爨鼎之道治畁者也當聖人養賢使能也

君子正位守職成聖人之命也

初六鼎顛趾利出否得妾以其子无咎象曰鼎顛趾未悖也利出否以從貴也

下鼎趾也上應顛也治鼎之道用鼎之始也應滌覆否顛之利也妾本下也而以爭升士雖賤而以才貴火從上而致其新也可无咎矣夫制者有位而從權雖反可也

九二鼎有實我仇有疾不我能即吉象曰鼎有實慎所之也我仇有疾終无尤也

剛以中應而承其實任之重者矣四以近權惡我專任怨偶敵我不可以不慎其所行然九四之覆餗正无幾矣豈暇謀我哉獲其終吉也矣

九三鼎耳革其行塞雉膏不食方雨虧悔終吉象曰鼎耳革失其義也

尊柔非應而革於四鼎耳所以待貫而將用也革則我道不通也雉膏焉得而食哉夫君子之修德用其知也欲其效也无已知以應不能進也安得其任哉

失脩德之義也當鼎新主耳目聰明以柔德接之獨見以進則悔虧而終吉也

九四鼎折足覆公餗其形渥凶象曰覆公餗信如何也

以不中之才當鼎食之寵事上與下力何任焉折足者矣非唯足折亦虧公任也公任虧則受凶渥者形濡汻而不勝也非所任而任以至於此信有凶矣如之何哉

六五鼎黄耳金鉉利貞象曰鼎黄耳中以為實也

文而虛中待鉉以載也故能應剛而任重之矣尊柔以能利而得正也

上九鼎玉鉉大吉无不利象曰玉鉉在上剛柔節也

剛上而尊賢助以載鼎也玉鉉者貴於金而不當用也剛能聰達苟柔奉之巽而以順得其節矣器大治矣故大吉而无不利也

䷲ 震下震上

震亨震來虩虩笑言啞啞震驚百里不喪匕鬯彖曰震

亨震來虩虩恐致福也笑言啞啞後有則也震驚百里驚遠而懼邇也出可以守宗廟社稷以為祭主也

震亨因其震而自震也微而震之保其終也雷者天之震也君子變其容號令者上之震也保其終也雷來類震者外一動也君子省諸內見外猶驚之況於自動乎動者吉凶悔吝之所生也事之來驚而虩虩然後獲其笑語也福之生後之則也震始生之陽長子者也長者能震是震其初也有其長子則能驚其

遠而懼邇也君子可以守宗廟祭祀則匕鬯不缺而保其社稷也皆初震而有其後者也

象曰洊雷震君子以恐懼脩省

重雷震而不已也君子脩已而履省之恐懼之至患无由及也

初九震來虩虩後笑言啞啞吉象曰震來虩虩恐致福也笑言啞啞後有則也

剛能制斷辨物也動之於初震其始恐懼其初後有

則得震之義也

六二震來厲億喪貝躋于九陵勿逐七日得象曰震來厲乘剛也

剛初而震之保其吉也二而已震失其義也乘剛震位危喪資也則度其喪而上升矣兩震不相應也何所來乎雖懼而不失中可以自省終固其所勿逐之矣七日而得其所喪也七日者極六爻而反下也剛斯易矣

六三震蘇蘇震行无眚象曰震蘇蘇位不當也

弱而无當蘇蘇也居不安矣行乃无眚也

九四震遂泥象曰震遂泥未光也

光可震也而屈於柔安於衆陰之中已泥者也失其震首省不能致後之福雖得所奉豈足光哉

六五震往來厲億无喪有事象曰震往來厲危行也其事在中大无喪也

懼而往也尊行何安其反來也剛以為疾故皆危也

則以度而居矣位得大中事之主也剛從而依而不敢遂逼矣懷懼而已无所喪也

上六震索索視矍矍征凶震不于其躬于其鄰无咎婚媾有言象曰震索索中未得也雖凶无咎畏鄰戒也

索索而驚矍矍而視重震之極而中心不自得也君子安其身而後動也極懼也何所容哉内外震懼身之危征之凶矣震不以躬懼鄰而驚則无咎也兩震者動而自省則行之有終陽之和象之純故也自震

而戒則可兩震求合則乖也

䷳ 艮下艮上

艮其背不獲其身行其庭不見其人无咎彖曰艮止也時止則止時行則行動靜不失其時其道光明艮其止止其所也上下敵應不相與也是以不獲其身行其庭不見其人无咎也

艮兩止也各止於所嚮也見敵應而咎生也不獲其身不欲彼見於我也至近而不可通雖行其庭不見

其人我无見於彼也不相見也何敵之有乎故无咎也君子之道无固也其見止則止之時可動則動之消息以時而道乃光也

象曰兼山艮君子以思不出其位

一體而兩山兼山者也位身之止也思不出其位止者也

初六艮其趾无咎利永貞象曰艮其趾未失正也

止於下艮於趾也艮則不行也得其止未失其正也

何所咎乎利於長正得其久也

六二艮其腓不拯其隨其心不快象曰不拯其隨未退聽也

腓隨足也自動則躁妄也何益於動乎艮體不動則腓不得舉而隨也性躁而不得往未退而聽命故其心不快也

九三艮其限列其夤厲薰心象曰艮其限危薰心也

艮於下體而不得通於上止於體之中也分其體夤

列矣危及至心也知其不可而不可相見則全其體至於三限其止乃止也而敵之乃處中道而止之於事則中分矣羞辱至故危薰哉

六四艮其身无咎象曰艮其身止諸躬也

上體兼下兼兩而止則時止能止其身當位而靜止得於分故无咎也

六五艮其輔言有序悔亡象曰艮其輔以中正也

上體之中當其輔也得其中正言也言而序悔亡者

也

上九敦艮吉象曰敦艮之吉以厚終也

動者利之求也動失則害至止者正之元也久守則福來非敦厚之德不能止其終也

䷴ 艮下巽上

漸女歸吉利貞彖曰漸之進也女歸吉也進得位往有功也進以正可以正邦也其位剛得中也止而巽動不窮也

女也者嫁於夫也必有歸也臣也者得位於君必有進也皆以進外為位乎漸而道乃行也剛下柔巽之是以柔得正位乎外而輔剛故女歸吉而往有功也使柔進得其位而正邦者剛得中也止於相與而巽以從則動而何窮哉

象曰山上有木漸君子以居賢德善俗

山上有木得其高進也君子之居親其德而外善於俗而後能漸之進也

初六鴻漸于干小子厲有言无咎象曰小子之厲義无咎也

初至而至于干也至弱才業未聞上无應而首於進者宜為小人之所危也道不同故危之矣我未位也无害小人小人何害於我哉故雖有言其義不至於咎矣

六二鴻漸于磐飲食衎衎吉象曰飲食衎衎不素飽也

磐非鴻之所處二非三之所得令托之矣非安也得

位相止飲食且樂可飽也

九三鴻漸于陸夫征不復婦孕不育凶利禦寇象曰夫征不復離羣醜也婦孕不育失其道也利用禦寇順相保也

得位於上漸而之陸也二應五也為巳止之五合於四征而不復顧其類也巳與於二二自有配偶邪而不敢孕失其生化之道故凶也兩志相保无可間也於長正之道則可失保一時之利也

六四鴻漸于木或得其桷无咎象曰或得其桷順以巽也

木非鴻之本止漸而得位於高或得其桷桷上附也承五而相得焉亦非其安而安也五巽已順尊而相保不可傾奪故无咎

九五鴻漸于陵婦三嵗不孕終莫之勝吉象曰終莫之勝吉得所願也

地高安之所二本應五三近止之至五而三故曰三

歲不孚夫務於大功者不檢於細故細故不有匪正之事不甚非之及其得至於大位則人莫敢不懼而道自復也

上九鴻漸于陸其羽可用為儀吉象曰其羽可用為儀吉不可亂也

漸之進也夫進之為道求其利也暴速而取害之至也漸以相與雖非其道不至於悔也上乃進得高陸不累於世不爭於利中心何可亂哉超然志遠知夫

進退之道故其羽可用為儀也

䷵ 兌下震上

歸妹征凶无攸利彖曰歸妹天地之大義也天地不交而萬物不興歸妹人之終始也說以動所歸妹也征凶位不當也无攸利柔乘剛也

少女之窮也无所往而歸其長陽女說其有歸而往也男說其有家而娶也有生化之義焉不交則无終也故少配長說以與動有終而自此始也少陰失位

以來合人斯賊之矣不足以相久征其凶哉柔得中衆之歸也陰雖從陽陽下其陰失其位也柔制其剛也豈人倫之序哉不足以獨化也故无攸利至於終存乎生化之大義焉

象曰澤上有雷歸妹君子以永終知敝

澤之濡雷震於其上雨徽而雷震雖不當於大亦相歸之物也无歸也斯敝之矣君子知其敝无所往故歸而永終也

初九歸妹以娣跛能履征吉象曰歸妹以娣以恒也跛能履吉相承也

无所往歸之矣初說而後動也何不可乎故幼娣雖不足行苟能征則吉周禮曰歸以恒者也柔而隨剛吉相承也歸妹相終非情故以禮歸之

九二眇能視利幽人之貞象曰利幽人之貞未變常也

剛居内而應柔之制也道之反不足以為明也眇而視者矣自守其幽不變其常雖利也豈娶之道哉

六三歸妹以須反歸以娣象曰歸妹以須未當也
夫以不敵將配以仁者遽而行之不能終也故待其
所從道極相說而來歸以娣可也未當故也
九四歸妹愆期遲歸有時象曰愆期之志有待而行也
過下升上陽以居陰剛過其柔也得其无與合而來
之義也遲歸有時此得待而行也
六五帝乙歸妹其君之袂不如其娣之袂良月幾望吉
象曰帝乙歸妹不知其娣之袂良也其位在中以貴行

也

殷王之少妹歸妹之貴也古者王女下嫁於諸侯衣服不繫其夫下王后一等故君之袂不如娣之袂妻貴於夫夫下妻也故見其妻象焉月幾望陰盈盛也陰而得中无與爭者故吉也

上六女承筐无實士刲羊无血无攸利象曰上六无實承虛筐也

柔而居極歸妹之窮也復何待乎无其歸者也女徒

承筐不見其實也士求進安得其偶哉道之窮而无所利也

子夏易傳卷五

欽定四庫全書

子夏易傳卷六

周易

下經豐傳第六

䷶ 離下震上

豐亨王假之勿憂宜日中彖曰豐大也明以動故豐王假之尚大也勿憂宜日中宜照天下也日中則昃月盈則食天地盈虛與時消息而況於人乎況於鬼神乎

夫明者内含其照也動而施之乃豐也明以時動物
伸其直得盡其大生長之而遂成也期盛之矣豐之
道者也唯尚大而當之故王能極之也不失天下之
情則勿憂而旣治矣日之明盛於中也王宜照於天
下也則無微而不大也過於中則憂大斯盈盈斯缺
矣大之道也蓋聖人戒乎其大也

象曰雷電皆至豐君子以折獄致刑

雷電皆發天下文明盛大之時明刑以肅民也君子

无所隱避明以折獄而至用刑可以勿憂當日中之宜也

初九遇其配主雖旬无咎往有尚象曰雖旬无咎過旬災也

豐尚大也唯其大者至之以陽遇四務同而相配彼俟之為己主相須而待也明方動進而速有功也遲而過旬失其動也災之道也

六二豐其蔀日中見斗往得疑疾有孚發若吉象曰有

孚發若信以發志也

柔之為道靜退者也又以居内不能大其上也是障其光而晻其明也往之為王雖尊而隂也葢相發則覆疑矣且履正不邪中考自信於心明生於内而悟其違時之失修改其道無執其故得其吉也

九三豐其沛日中見沬折其右肱无咎象曰豐其沛不可大事也折其右肱終不可用也

居於下體之上而上應焉自以為有其位而應其德

也貴賤之等則三曷足以為德乎豐沛以為光應幽陰以為德豈可大事乎力小任重者右肱斯折也右肱斯折不可用也自致廢矣誰復加於咎乎

九四豐其蔀日中見斗遇其夷主吉象曰豐其蔀位不當也日中見斗幽不明也遇其夷主吉行也

陽以守卑而不能宏其大以當於時也是幽其明而暝其晝也初陽之來為相發之主事合志終得其明動之義故吉也

六五來章有慶譽吉象曰六五之吉有慶也

柔居尊陽能尚其大而不以力得其日中之宜也天下無所隱諱無微而不照則天下歸其章明之德矣故其慶譽之吉哉

上六豐其屋蔀其家闚其戶闃其无人三歲不覿凶象曰豐其屋天際翔也闚其戶闃其无人自藏也

極其大過於豐之所也無道可宏柔而無鑒也唯富其室厚其家自謂其翔於天際人莫之見也自藏也

者雖闚其戶可得見乎過明之遠而動之極也不覿以三年矣凶其至也

䷷ 艮下離上

旅小亨旅貞吉象曰旅小亨柔得中乎外而順乎剛止而麗乎明是以小亨旅貞吉也旅之時義大矣哉

雖柔中得乎外下而順於艮剛上不能有其上而寄旅於下不事其上而不應於上旅之義也柔得中附順於下剛而剛不距是以小亨旅之為道不敢妄

動上麗其明乃可止也止不妄也明辨也不為物疑故正吉也旅之為道貞吉而後極旅小亨故再云旅非大人不能安其旅而獲其小亨也

象曰山上有火旅君子以明慎用刑而不留獄

火寄於山火非可久刑以正法刑不可久故明慎用刑以寄治之而不留獄

初六旅瑣瑣斯其所取災象曰旅瑣瑣志窮災也

柔而在下瑣瑣賤旅也有應於上滿而得志斯極之

矣以賤役而自盈斯自取其災也

六二旅即次懷其資得童僕貞象曰得童僕貞終无尤也

守位奉上而三相與得其次來其資也奉上而得中得童僕之貞也終何尤矣

九三旅焚其次喪其童僕貞厲象曰旅焚其次亦以傷矣以旅與下其義喪也

原本闕傳

九四旅于處得其資斧我心不快象曰旅于處未得位也得其資斧心未快也

旅以剛而升於上體寄得所處未得位也資斧者將營作所使之具也得其所處下應而獲其資器而以旅之難也其可就乎終不得其位故我心不快也

六五射雉一矢亡終以譽命象曰終以譽命上逮也

君子藏器於身待時而動則我由獲也旅火山旅也

五寄柔於剛也物有非可久也不由於我也豈久其位乎將遂安也非惟失位抑亦喪其謀矣以其居中上之位旅之貴者也素為衆仰故及於終有譽之命也欲麗中故曰雉也

上九鳥焚其巢旅人先笑後號咷喪牛于易凶象曰以旅在上其義焚也喪牛于易終莫之聞也

旅於上極巢之高也旅得上位先笑者也以旅在上人所嫉也則焚巢而號咷矣牛順物也旅之為道全

於順也剛而亢居喪其順也旅者人之客也又剛而無順人何吉哉故喪於無難也固其凶哉

☴巽下巽上

巽小亨利有攸往利見大人彖曰重巽以申命剛巽乎中正而志行柔皆順乎剛是以小亨利有攸往利見大人

巽剛巽柔柔順剛也申重也上下皆巽政之缺乘其巽而重命其治命行則獲安矣陽居於中正雖巽而

志行也柔皆上順於剛物無逆者可以行權而合法也巽以申之復其小康也是以小亨巽而往無不利也大人得於中正利以見之輔而行其制也

象曰隨風巽君子以申命行事

風巽風相隨也故君子申上之命而從其事率民以隨上而民皆隨令也

初六進退利武人之貞象曰進退志疑也利武人之貞志治也

巽柔在下而不能果決進退者也巽於始申命行事之初也利於勇而行之則正也非暴也志行其治者也

九二巽在牀下用史巫紛若吉无咎象曰紛若之吉得中也

巽乎下也而又陰居牀下之巽猶得其中巽下通上方於祭祀之用史巫雖多於敬事達其命不任於已則吉也

九三頻巽吝象曰頻巽之吝志窮也

處卦之高巽於下柔求其巽而不獲匪其中而莫正以至於頻戚憂嗟也剛不能執志而窮於巽可惜也已

六四悔亡田獲三品象曰田獲三品有功也

陰巽主也為陽所巽而順於陽得位上奉而當之矣臣而行事悔之道也順而正之何悔之有故建功而田獲三品能歆其神人也

九五貞吉悔亡无不利无初有終先庚三日後庚三日吉

象曰九五之吉位正中也

以剛而巽於中正巽而無違中而不過正而得當以是申命牧下之功何悔之有何往不利始而從之政非自我故無初矣後獲其治故有終也甲者則事之首庚者甲之中也申重也事中失而重之治也則無世無之矣主巽於臣臣順於主而為功也當其殷巽於大彭豕韋申之也其在周巽於齊桓晉文申之重

而其道小通矣夫正其失者先原其始察其中知其弊故先之三日也因其弊而反正其失得後三日之吉也不可以不審也無因而為者未之有也

上九巽在牀下喪其資斧貞凶象曰巽在牀下上窮也喪其資斧正乎凶也

以剛而居重巽之上以巽於下巽而極過巽無甚焉在牀下者也極巽失據無剛之用資器皆亡之矣身將安守哉正其凶也

䷹ 兌下兌上

兌亨利貞彖曰兌說也剛中而柔外說以利貞是以順乎天而應乎人說以先民民忘其勞說以犯難民忘其死說之大民勸矣哉

剛中正而外柔順於萬物皆說其澤聖人以說先人而民忘其勞以說犯難民則忘死非大人不能說於民而民咸說而得其正也

象曰麗澤兌君子以朋友講習

兩說而合者莫過於朋友講習也

初九和兌吉象曰和兌之吉行未疑也

以剛正之說首出門而和人也守正和人也守正和人何往不吉行豈疑哉

九二孚兌吉悔亡象曰孚兌之吉信志也

失位與三豈無悔也志在和人欲其說信中不失正故吉也夫何悔焉

六三來兌凶象曰來兌之凶位不當也

兊者陽說陰也過說於上桑以來人使人從欲者也

何以終哉凶其宜也

九四商兊未寧介疾有喜象曰九四之喜有慶也

幹居臣位商量宜制祇上使下不敢自安皆獲所說

必得其慶也故大速有喜也

九五孚于剥有厲象曰孚于剥位正當也

陰二君而一民小人之道也處尊而孚於上陰信於

小人消君子之道也得位正當爲人之刑則下化矣

下之消則上危也可不慎乎

上六引兊象曰上六引兊未光也

為五牽說信而尚之柔而匪正也雖說來矣豈足光哉

䷺ 坎下巽上

渙亨王假有廟利涉大川利貞彖曰渙亨剛來而不窮

柔得位乎外而上同王假有廟王乃在中也利涉大川

乘木有功也

剛下濟而行不窮柔得位於外而輔剛剛志行而遂通上下相資而不相待雖行散動人自為治渙也五之為主不以形約不以武禁通其志而天下自治豈人臣之為乎乃王之命也當其無為可以至於有廟致享矣木之乘則無險矣不勞而致重於不通上乘下之能也施遠而濟其散治乎中正而利貞者也

象曰風行水上渙先王以享于帝立廟

風行水上無擁限也上以發令不疾而速遠而承治

者也當其無事也先王享于上帝配之祖考用禮樂之道致享而已

初六用拯馬壯吉象曰初六之吉順也

渙之初可以散動也二能濟而已附之故顯而行之無畏忌也壯馬馳騁而得其吉

九二渙奔其机悔亡象曰渙奔其机得願也

剛能治也來而不窮據初相與得願馳騁何往不至兼固於三貪其多有失渙之道未之悔也

六三渙其躬无悔象曰渙其躬志在外也

渙者散而隨適可也雖乘於剛非其位也自應於上可以往而遂其志矣散志適時何悔之有

六四渙其羣元吉渙有丘匪夷所思象曰渙其羣元吉光大也

以柔順而上乘至尊行大人之令者也羣者衆之務公之事也渙衆之公大吉而光也若以私也則丘墟不移咎歸於已已亦思之不夷矣可不慎乎

九五渙汗其大號渙王居无咎象曰王居无咎正位也

渙之尊而大號其令物致其適散其汗發其濡也渙王居大散也憂在節王者制天下之務故正其位行其道乃無咎也

上九渙其血去逖出无咎象曰渙其血遠害也

應獨者多至於爭此易之常情也上獨有應而遠於傷害者當其渙得行其志從其道也故血去害遠而無咎也

䷻ 兌下坎上

節亨苦節不可貞彖曰節亨剛柔分而剛得中苦節不可貞其道窮也說以行險當位以節中正以通天地節而四時成節以制度不傷財不害民

剛分而濟柔柔分而濟剛剛得中以為主相資不匱而得其度者節之通也過則苦苦斯窮不可正也險者人之難履也節者人之難從也說其險能安其節者也惟大人當位而能節而當其所而得其通也故

天地節寒暑而成歲聖人等貴賤而設制度則財不枉而民不竭矣節之為道廣矣夫

象曰澤上有水節君子以制數度議德行

澤上有水止而不洩下保其潤上得其安節之象也君子制度數以位議德行以守則無遺之患也

初九不出戶庭无咎象曰不出戶庭知通塞也

節者不可以出也初而慎之在於密也不出戶庭則無由禍患及也言而復悔出而後治則無及已剛能

辨制知時通塞得初節之義也

九二不出門庭凶象曰不出門庭凶失時極也

節者當位而節乃通也剛居下位自高於内不聽其職不揚其令位也者君子之時也其可忽乎失時之過凶咎至矣不能守節於位也

六三不節若則嗟若无咎象曰不節之嗟又誰咎也

不能自節以弱質而乘剛居上力小任大重以至於憂嗟也此已之自召也何人之咎哉

六四安節亨象曰安節之亨承上道也

以陰守柔當位安節承主之命得節之道故能通也

九五甘節吉往有尚象曰甘節之吉居位中也

剛以居尊為化之主甘於節而以令人也正位以節德之中也不過不逼為天下之式則天下財不傷而民不害皆歸德美慶其來哉志尚而得其志也

上六苦節貞凶悔亡象曰苦節貞凶其道窮也

節者以備其窮也窮猶節之節苦者也身安資哉正

之凶也居極乘剛易之悔也其在節極則自苦也凶其深矣悔小疵也又何加焉

䷼ 兌下巽上

中孚豚魚吉利涉大川利貞彖曰中孚柔在内而剛得中說而巽孚乃化邦也豚魚吉信及豚魚也利涉大川乘木舟虛也中孚以利貞乃應乎天也

上柔在内以接於下而剛得中柔接而相親剛中而實信就巽以從之故得下柔奉之而剛中以信而民

莫不化者也中發之信恒而及於豚魚雖豚魚而信不遺其微小焉故吉也利涉大川乘木而無險也君子虛其中而施信於民故得民之信而可以致重道遠也信自於中利而以正會於天地四時也而况人乎

象曰澤上有風中孚君子以議獄緩死

澤降而風加焉相得澤行也君子信行廣其中感而變化也故議留其獄不即其死

初九虞吉有他不燕象曰初九虞吉志未變也

中孚之故在乎初也速而應感其誠也故度其志未變而往則信終而吉志變而有作不可感也已矣後之而絶類也何所安乎

九二鳴鶴在陰其子和之我有好爵吾與爾靡之象曰其子和之中心願也

鶴者陽明之物也而守陰處内修德立誠名達而隱也上中孚也求中信以致雖居陰也時亦索之中心

願與之為治同志而相求也故公家之有好爵而相與縻之矣君子之道在於進德乎無隱而不彰上求下治之本也故君子而求其母也

六三得敵或鼓或罷或泣或歌象曰或鼓或罷位不當也

三與四皆為敵三應於上四巽於下對而為敵鼓以戰之四附上而大不敢當也或罷之矣不勝而懼或泣之矣四不我爭歡已志獲或歌之矣柔德之薄

不量其勢不當於位不正於分也

六四月幾望馬匹亡无咎象曰馬匹亡絶類上也

得位上順而為五巽陰盛得附故无咎也

九五有孚攣如无咎象曰有孚攣如位正當也

四絶類而孚我我亦有信攣如當其位正雖得地而

无咎

上九翰音登于天貞凶象曰翰音登于天何可長也

翰音為雞巽之象也以其陽物巽陰而無力飛必鳴

也登于天何可久乎信不由中而爲極上難終之約

其可乎信而莫應有聲而已正之凶也

䷽ 艮下震上

小過亨利貞可小事不可大事飛鳥遺之音不宜上宜下大吉彖曰小過小者過而亨也過以利貞與時行也柔得中是以小事吉也剛失位而不中是以不可大事也有飛鳥之象焉飛鳥遺之音不宜上宜下大吉上逆而下順也

剛失正柔以為主小人當位過而得通也小人者其心小其見狹其務近君子過以合時利不失正乃行故小事可也鳥也者陽升之物也剛雖上而失位不中不得其正也是以有飛鳥之象也君子憂其失哀其止發乎志形乎聲犯上以匡之逆於其道不行動無所往遇於害焉上順而止之以俟其通故得其大吉焉是故不可以大事也

象曰山上有雷小過君子以行過乎恭喪過乎哀用過

乎儉

山上有雷其虛聲而已無益下也行過乎恭喪過乎哀用過乎儉救於治有其聲也小事過而不傷其正者莫過是也故君子行之

初六飛鳥以凶象曰飛鳥以凶不可如何也

小過不宜上也其在防之初乎上應其動無所止者也不可往而往凶災之及自致之也將如之何哉

六二過其祖遇其妣不及其君遇其臣无咎象曰不及

其君臣不可過也

小過剛失位也二得位得中能過其剛者也妣臣柔也往與於陰也非其常而得之曰過於其家斯遇妣矣於其國斯遇臣矣不及其君人之化也臣不可過君也而令過之者小過之過者也遇而時故無咎矣

九三弗過防之從或戕之凶象曰從或戕之凶如何也

陽不得正不遇者也小人匪正忌於君子可以防之應而從之則戕之矣不能防而自致凶也如之何哉

九四无咎弗過遇之往厲必戒勿用永貞象曰弗過遇之位不當也往厲必戒終不可長也

卑退自守故無咎也剛失位不能過者也下應而來非已之召故曰遇也恃應自得以往危哉必自戒之此不足為長正之道也

六五密雲不雨自我西郊公弋取彼在穴象曰密雲不雨已上也

柔居尊小居大也不應於上小事而已密雲而不能

雨者隂陽得行其道故感而為雨也小過隂乘陽而位於陽已上過矣安能施乎不足以和澤天下也君子之修德守於中正俟其時而行也苟無正矣雖上過其德也將何為乎隂不足以當王施于公而已矣弋非狩之大者穴非路之夷者皆小人之過也以柔與於柔也

上六弗遇過之飛鳥離之凶是謂災眚象曰弗遇過之已亢也

小過陰能過也小人之道極也應何遇乎飛鳥之凶上何止矣道之窮離之凶是謂災之過也

䷾ 離下坎上

既濟亨小利貞初吉終亂彖曰既濟亨小者亨也利貞剛柔正而位當也初吉柔得中也終止則亂其道窮也

剛濟而得位乎上柔當而應上是以亨偕於小人也

剛柔得正其利貞下者上之階柔者強之本柔當而守中不敢逸也故初吉安於既濟止而無防窮其道

而終亂也

象曰水在火上既濟君子以思患而豫防之

水在火上相得而為功也既濟之矣安之不慮則覆矣故思患先防能保其終也

初九曵其輪濡其尾无咎象曰曵其輪義无咎也

剛為既濟之初力微而去險未遠也既濟深險而未達於陸故曵輪濡尾也初濟而不敢怠其義豈有咎乎

六二婦喪其茀勿逐七日得象曰七日得以中道也

得位處内而應於上婦之道也而乘於剛懼其暴也喪其飾矣茀之喪容之減矣中以奉陽獲其濟下不敢凌勿逐而七日自復七日者復之不遠近取之諸日極小人位而復則下剛易也

九三高宗伐鬼方三年克之小人勿用象曰三年克之憊也

為下體之上已得其位既濟者也濟險以力非易也

與王同功而受任也高宗伐鬼方三年克之義也力以三年疲而獲矣慎在於典守乎非其人則恃勢也以天下之功為已之私與主剛敵至於終亂矣

六四繻有衣袽終日戒象曰終日戒有所疑也

有應當位居剛之上疑懼侵逼至其重夜而不少懈也柔而守正而戒備之乃可以濟亨小矣物咸遂焉雖居乘剛而終無患也

九五東鄰殺牛不如西鄰之禴祭實受其福象曰東鄰

殺牛不如西鄰之時也實受其福吉大來也人也者神之主也時者人之由也禮之大也差其時則人不和神弗福矣既濟難夷非大盛也故有終止之窮焉大人者與時消息也時之失何所寄乎故既濟雖盈神弗福也得時盡順吉大來也唯大人能保其終矣

上六濡其首厲象曰濡其首厲何可久也

既濟而極於上志與時窮上反下矣首濡矣身其危

哉

䷿ 坎下離上

未濟亨小狐汔濟濡其尾无攸利彖曰未濟亨柔得中也小狐汔濟未出中也濡其尾无攸利不續終也雖不當位剛柔應也

柔得中不當位未能濟也而能其變矣剛近濟在於險中力小形微濡其尾无攸利不能續其終下非所濟遠也剛柔而同力故有終通之道焉

象曰火在水上未濟君子以慎辨物居方

火上水下各守其所雖未濟而各保其安也君子明

慎辨物而使各安其所則致之而得宜用之而得當

也

初六濡其尾吝象曰濡其尾亦不知極也

以柔而濟於險初始涉者也近淺猶濡尾矣況其深

必不濟矣不知力之極也可惜也已

九二曳其輪貞吉象曰九二貞吉中以行正也

居得險中動而應主剛徳不邪而能濟也故曳輪載險而當之矣故正吉也

六三未濟征凶利涉大川象曰未濟征凶位不當也

力小失位何以濟險附於二則險自濟也

九四貞吉悔亡震用伐鬼方三年有賞于大國象曰貞吉悔亡志行也

未濟貞凶柔居中力小不能濟也有委任之道焉未濟當位志在乎濟而奉其上得正之吉也而遂其志

焉何逼近之悔乎將盡力以功震其未濟故伐鬼方三年乃克而受國矣初以勤奉主終以功獲賞有終濟之義也

六五貞吉无悔君子之光有孚吉象曰君子之光其暉吉也

柔得中正之吉無其悔也志在乎濟授之以能任之無疑以至於終濟可謂君子之光煥乎輝發矣信有中正之吉哉

上九有孚于飲酒无咎濡其首有孚失是象曰飲酒濡首亦不知節也

濡者自覆謙者自益非天之所為也夫以未濟之初志存而不懈以至於終濟而信其有樂也亦何咎哉樂極志滿道斯反矣故濡其首信失其樂哉夫將濟者力之及也濟非大順而致也力以取之順以守之乃得其久既濟而盈將有覆矣君子可無懼乎

子夏易傳卷六

欽定四庫全書

子夏易傳卷七

周易

繫辭上第七

天尊地卑乾坤定矣卑高以陳貴賤位矣動靜有常剛柔斷矣方以類聚物以羣分吉凶生矣在天成象在地成形變化見矣是故剛柔相摩八卦相盪鼓之以雷霆潤之以風雨日月運行一寒一暑乾道成男坤道成女

乾知大始坤作成物乾以易知坤以簡能易則易知簡則易從易知則有親易從則有功有親則可久有功則可大可久則賢人之德可大則賢人之業易簡而天下之理得矣天下之理得而成位乎其中矣

天尊也故健以首之地卑也故順以承之尊卑列而貴賤明矣盈乎中者莫大象類焉夫婦也父子也君臣也尊動而變卑靜而化剛柔以斷其用而得其常也正其分位觀其動靜然後理可得也夫物同其事則

聚之有上下之應也異其羣則分之有剛柔之合也
趨其同求其羣居其位或不當則吉凶生也故天降
其氣地流其形上施其道下行其事則能成變化矣
聖人以是觀象造形而能體化合變者得之道也故
剛柔相摩而成變化八卦更致殊濟同功雷以動之
雨以濡之風以散之日月以運息之四時以推之故
乾者氣之始也男之道也一施命而不雜唯無為也
能通天下之志故得保其尊易知者也坤承乾也造

形始也女之道也專其命而不失其作者也能知變化之道故得保其靜也簡能者也夫易以知物者物易知也故於物有親有親者可久之道也故長人者以之為德簡以從物者物亦易從也物從則有功斯可大矣故從事者以之為業天下之物多矣而其致一焉易簡之謂也致一則天下之理盡矣故能上保其尊下安其卑而成位長矣

聖人設卦觀象繫辭焉而明吉凶剛柔相推而生變化

是故吉凶者失得之象也悔吝者憂虞之象也變化者
進退之象也剛柔者晝夜之象也六爻之動三極之道
也是故君子所居而安者易之序也所樂而玩者爻之
辭也是故君子居則觀其象而玩其辭動則觀其變而
玩其占是以自天祐之吉无不利彖者言乎象者也爻
者言乎變者也吉凶者言乎其失得也悔吝者言乎其
小疵也无咎者善補過也是故列貴賤者存乎位齊小
大者存乎卦辯吉凶者存乎辭憂悔吝者存乎介震无

咎者存乎悔是故卦有小大辭有險易辭也者各指其所之

聖人得天地之理探萬物之宜而設卦觀象後聖繫辭焉而明吉凶剛柔迭代而進退之則變化窮而吉凶生也是故吉凶者得失也悔吝者不盡其時而後其憂也故追悔之歎惜之則無及也陰陽相推物極而變消息之道觀其象而擬之也剛柔迭興動靜相乘晝夜之道觀其可而動止之故重其卦以極三才

之道窮萬物之情也是以君子所居而安者因其時

觀其序而效其吉也所樂而玩者處得其變而美其

文也故君子居則觀其象而玩其辭動則觀其變而

玩其占自卜之明也聖人極陰陽之度窮變化之會

而得其易是以合於天而自天佑之吉無不利也彖

者時之大歸也爻者時中之變也變而得失繫焉悔

吝生焉能補過者無咎也是故列其位而分其貴賤

中其小大之務者在乎卦之歸也辨乎吉凶者觀乎

辭之旨也憂悔吝者存而不忘其中思患而不茍徇也有咎而震以免者悔而懲其先也故卦大者可大而行也故卦小者道消而可明也故險易之辭繫指焉

易與天地準故能彌綸天地之道仰以觀於天文俯以察於地理是故知幽明之故原始反終故知死生之說精氣為物游魂為變是故知鬼神之情狀與天地相似故不違知周乎萬物而道濟天下故不過旁行而不流

樂天知命故不憂安土敦乎仁故能愛範圍天地之化而不過曲成萬物而不遺通乎晝夜之道而知故神无方而易无體一陰一陽之謂道繼之者善也成之者性也仁者見之謂之仁知者見之謂之知百姓日用而不知故君子之道鮮矣顯諸仁藏諸用鼓萬物而不與聖人同憂盛德大業至矣哉富有之謂大業日新之謂盛德生生之謂易成象之謂乾效法之謂坤極數知來之謂占通變之謂事陰陽不測之謂神

夫易惟與天地之大而無私與四時之德而得節故能彌縫綸繫天地之道仰以觀于天文俯以察于地理而不差也是以窮神達化知幽明之故原始反終知死生之説生者形也合天地之精聚氣而為物魂者寄於形也魂形散而遊遊而為變窮幽明之故則鬼神之道可知也隱猶索之則人道昭乎其陳矣與天地同功而不差智周乎萬物之道濟乎天下得其理而不過行權以治之歸其正而不流樂天知命以

處之而無不適物得安其土者上敦其仁也故能施愛而博化模範天地周圍之而不過其大曲成萬物治其所履而不遺其小通其幽明體其動息故無變而不知也故神也者得萬物之妙而為名也無方也易也者易萬物而為言無質體也妙其運萬物皆神也得其理萬物皆易也故一其陰陰則易也一其陽陽則易也續以繼之而成教於天下者唯仁之善乎備物而咸說也用之而不勤行之而不殆而能成天

下之至者純精之性也則無不易矣仁者見易謂之仁智者見易謂之智皆一其方百姓用之而豈知其化用哉故至於君子之道鮮矣澤及人人謂仁故顯之神用之而不可見故藏之聖人者與其仁也與其仁之憂而後歸之也顯其方豈若鼓動萬物乘其變而無憂哉此盛德大業之至也故惣其有而會其適矣順其行而無滯于故矣靜然至虛無滯於物而能生其生而神其用者易也成其象而能健以通之者

乾也治其質效其法而無不順者坤也極變於陰陽而考變窮數知來之謂占得其占通其數乘其變而行之之謂事行其事盡其道民咸利之之謂神

夫易廣矣大矣以言乎遠則不禦以言乎邇則靜而正以言乎天地之間則備矣夫乾其靜也專其動也直是以大生焉夫坤其靜也翕其動也闢是以廣生焉廣大配天地變通配四時陰陽之義配日月易簡之善配至德

夫易廣矣大矣遠而不知其止無其外也邇而靜以自正無其内也其備也同於天地之間矣夫乾造物之始也其靜也至虛而不雜其動也降氣而當物無不知也無私作也故能大焉萬物父也坤造形者其靜也上未降氣翕聚而不發其動也啟務而承命無不能也無私巧也故能廣焉萬物母也是以易無形也易物而為形易無名也故廣大體天地變通合四時陰陽之義配日月易簡之善配至德而無不備者

也

子曰易其至矣乎夫易聖人所以崇德而廣業也知崇禮卑崇效天卑法地天地設位而易行乎其中矣成性存存道義之門聖人有以見天下之賾而擬諸其形容象其物宜是故謂之象聖人有以見天下之動而觀其會通以行其典禮繫辭焉以斷其吉凶是故謂之爻言天下之至賾而不可惡也言天下之至動而不可亂也擬之而後言議之而後動擬議以成其變化鳴鶴在陰

其子和之我有好爵吾與爾靡之子曰君子居其室出其言善則千里之外應之況其邇者乎居其室出其言不善則千里之外違之況其邇者乎言出乎身加乎民行發乎邇見乎遠言行君子之樞機樞機之發榮辱之主也言行君子之所以動天地也可不慎乎同人先號咷而後笑子曰君子之道或出或處或默或語二人同心其利斷金同心之言其臭如蘭初六藉用白茅无咎子曰苟錯諸地而可矣藉之用茅何咎之有慎之至也

夫茅之為物薄而用可重也慎斯術也以往其无所失矣勞謙君子有終吉子曰勞而不伐有功而不德厚之至也語以其功下人者也德言盛禮言恭謙也者致恭以存其位者也亢龍有悔子曰貴而无位高而无民賢人在下位而无輔是以動而有悔也不出戶庭无咎子曰亂之所生也則言語以為階君不密則失臣臣不密則失身幾事不密則害成是以君子慎密而不出也子曰作易者其知盜乎易曰負且乘致寇至負也者小人

之事也乘也者君子之器也小人而乘君子之器盗思奪之矣上慢下暴盗思伐之矣慢藏誨盗冶容誨淫易曰負且乘致寇至盗之招也

聖人之作易而崇德廣業者何以為也夫易無私也無為也無方也無體也同於物不循其故是以得天地萬物之情狀也斯以運化不亦崇廣乎智也者周於物而兆其機也無不變故效天之崇焉禮也者止其體而得其履無不遂也故法地之卑焉設天地之

象立智禮之度則百化周流乎其中而易其道矣夫以成性而不外安其所安者於物不惑矣其於理至矣道義之所由生也聖人見天地之至奥而為後世之傳以為將來之利故錯其剛柔察其態度而擬於形容象其物宜故謂之象見天下之動靜取舍離合而得其會通以行其典禮繫辭焉以定其吉凶是故謂之爻得天下之情偽而咸以象告人不可思而惡也適天下之變而咸得其要治之不可惡而亂也觀

天下之情而擬之議天下之可而動之則能成變化之道也善者民之所好也言行者民之凖也修諸内而發諸外矣故鳴鶴在陰其子和之同聲而相應本立道成也可不務乎是以君子修諸其身矣修身者將以求其試也幽而獨之誰與和之是以同其人其道乃昭矣同人者君子之同也其道上行初雖逆之終獲其同也故君子之道出處語默途雖殊其致一也二人同心而不濟雖至堅而不可斷之矣同心之

言無迮矣夫是以君子廣其同則其道可進也進而往之將以蒞其行也其在于過慎乎初而慎之有終矣故潔於薄物而致重之用也進而得位者其在於謙敬而盡民力乎故勞謙君子有終吉德以崇為盛也禮以謙為恭也故曰謙也者致恭以存其位者也時之易道斯變矣安其位而不知巳與時極矣窮之災也是以亢龍有悔戒其保於存而久其位也夫位愈高者難其為人也君子不可以不自知也夫利厚

者害易及也貴為長者利害以出也為下之巽也其在於慎密否則害及之矣盜伺之矣故不出戶庭無咎矣以德之不周而不厭其高者貪其非所有而有之則易於事矣易斯慢而下思賊之矣皆自致其寇

此易之終戒也

大衍之數五十其用四十有九分而為二以象兩掛一以象三揲之以四以象四時歸奇于扐以象閏五歲再閏故再扐而後掛

聖人幽贊神明設五十之數以求易者何也三揲之極多得老陰其數合二十五以對之而求之也其一不用者太極也故可名之謂之太極夫有生於無無者未見氣也不可用也故置之也初揲或五或九再三得四八也初營於再者三者何也道生一一者形變之始萬物之生也為治者不離其本也故用之於始揲也以營一之有而偶不用之無天地陰陽設位而易行乎其中豈竒而立哉分而二象兩儀也掛一

象人也人也者包括萬物而為之首也故兩而生人曰三才焉揲之以四象四時也歸於扐扐時之餘也歸天地之餘盡五歲之再閏故再扐而後掛者數偶而後成也奇者不盈其四時也數之寡也故謂之陽全其揲者備其陰也得數之成故謂之陰此求筮之數也易者聖人極天地之數窮天下之變也占者索其數逆其變體其吉凶斷天下之疑也雖有聖人之心必求龜著而聽其神焉將有以奉也人也者萬物

之靈也志有至而吉凶兆焉故志之斷則卜筮焉志之疑則告其從焉是以不疑其所行也利物而有功也故聖人曰卜筮云

天數五地數五五位相得而各有合天數二十有五地數三十凡天地之數五十有五此所以成變化而行鬼神也

易有太極而生天地天為一奇也地承天為二偶數而相生合而相成為水火木金土也天地萬物未始

相離也試於形變而論之本乎天一降氣而得地聚之為水其肇為胚也水内剛而外柔故生於天之一而成於地之六因其一生而依其胚而為胎胎者自得其温氣也温發而為火火始於内而成炎於外故生於地之二而成於天之七含氣以自堅而骨生焉骨堅陽木也生於陽而養於陰也故生於天之三而成於地之八有其骨而筋堅焉金從革而外剛故生於地之四而成於天之九土為肌膚四者備皆肌膚

養焉肌膚因剛而生而終於柔脃故生於天之五而成於地之十終數以成形也分而異功合而同濟故天地之數五十有五合而為五行發而為五聲散而為五臭布而為五章流而為五味分而為五性異同區焉利害生焉吉凶形焉變化成焉死生兆焉鬼神通焉可以元元而會其終也

乾之策二百一十有六坤之策百四十有四凡三百有六十當期之日二篇之策萬有一千五百二十當萬物

之數也是故四營而成易十有八變而成卦八卦而小成引而伸之觸類而長之天下之能事畢矣顯道神德行是故可與酬酢可與祐神矣

兩儀生四象則乾坤之爻各具四象焉地六天七地八天九四象之成策爻每其策各含其四象繫之乾坤之爻焉乾坤合為十二當期之月也混其策爻絶為三十焉當月之日也陽極其數萬物畢遂其成焉故九也陽極則剝陰長而壯消之極也故其變六也

消而息之陽復而長陰之退也故為少陰其數八也陽盛長物其貌始大而未成也故為少陽其數七也老陽九也四而九之其策三十六也老陰六也四而六之其策二十四也合乾坤六爻之策當期之日也少陰七也四而七之其策二十八也少陰八也四而八之其策三十二也合二少之策當期之日周老陽老陰之策也合二篇之策三百八十四爻乾坤總而承之萬有一千五百二十當萬物之數是故分而掛

一揲之歸奇四營而成易三易以成爻十有八變而成卦初以乾坤錯綜而為八卦以象動止離陷巽說而各得其情矣重而伸類而長以觀其愛惡失得窮天下之情極天下之變以此而能事畢矣故能明其道辨其德行可以應天下之來而助其神化者也

子曰知變化之道者其知神之所為乎易有聖人之道四焉以言者尚其辭以動者尚其變以制器者尚其象以卜筮者尚其占是以君子將有為也將有行也問焉

而以言其受命也如嚮无有遠近幽深遂知來物非天下之至精其孰能與於此參伍以變錯綜其數通其變遂成天地之文極其數遂定天下之象非天下之至變其孰能與於此易无思也无為也寂然不動感而遂通天下之故非天下之至神其孰能與於此夫易聖人之所以極深而研幾也唯深也故能通天下之志唯幾也故能成天下之務唯神也故不疾而速不行而至子曰易有聖人之道四焉者此之謂也天一地二天三地四

天五地六天七地八天九地十

天地之道隂陽之化常矣聖人以是觀其動静而行其進退不差於時者是知神之所為而合其變得易之道也故易有聖人之道四焉以言者尚其辭得易之文也以動者尚其變得易之時也以制器者尚其象得易之智也以卜筮者尚其占當其數而斷其疑也君子時將有為而問之將有行而請之無有遠近幽深遂知來物至精者也參伍之變而錯綜其數得其

變遂成天下之文文見乎辭故言者尚之極其變遂定天下之象故制器者取之此天下之至變者也易無思也無為也寂然不動感而遂通天下之故不遷其方而無適不利此天下之至神也夫易者剛柔相推情偽相偶者也故吉凶生焉而聖人之其所終寄其象以明天下之志而無不中也非極其深也不能及其至精也窮其變要其會知其終原其始間錯其説以成天下之務非研其幾者不能得於至變也體其

物妙其運用之非以勤也行之非以迹也非玄者不能得於至神也故一設象而君子其賴四焉範兩五之數窮萬物之變者也非聖人其孰能深之

子曰夫易何為者也夫易開物成務冒天下之道如斯而已者也是故聖人以通天下之志以定天下之業以斷天下之疑是故蓍之德圓而神卦之德方以知六爻之義易以貢聖人以此洗心退藏於密吉凶與民同患神以知來知以藏往其孰能與於此哉古之聰明睿知

神武而不殺者夫是以明於天之道而察於民之故是興神物以前民用聖人以此齊戒以神明其德夫是故闔戶謂之坤闢戶謂之乾一闔一闢謂之變往來不窮謂之通見乃謂之象形乃謂之器制而用之謂之法利用出入民咸用之謂之神

易者易其治也故其知也先物其變也得度故能包覆天下之道而已者也聖人用之而通天下之志能開其先也定天下之業能制其當也以斷天下之疑

果其作也是故蓍未形而衆象畜焉圓而神也卦見其事定其所也就時體化方以智也六爻者易其變通明其辭義而獻其吉凶也聖人以之清慮滌思歸神無形然後齊聖體方與衆民同患其吉凶則能濟吉凶之患而為來世之範也非神圓而知其來知贍而徵諸往觀天地古今萬物而為一者其孰能至此哉古之聰明睿知止亂而不以殺達天下之情而為之於始者如此也神也者運於無形易而合其變也

而民不知所以明也而聖人明之是以察於天之道審於民之故故作為易書而前布之以為民之用聖人於是齋心無形體其神也戒事避患明其事也以神明為德者如此也故坤者靜也動之主也含其章而不變故閉而藏之乾也者開其物而轉化故啟而動之可闔則體而合之一動一靜屈而伸之之謂變隨其變觀其可獨往獨來而無閡之之謂通辨其兆之之謂象見其形之之謂器制其用人可法之之謂

法出入不滞民咸利之而莫知之之謂神

是故易有太極是生兩儀兩儀生四象四象生八卦八卦定吉凶吉凶生大業是故法象莫大乎天地變通莫大乎四時縣象著明莫大乎日月崇高莫大乎富貴備物致用立成器以為天下利莫大乎聖人探賾索隱鉤深致遠以定天下之吉凶成天下之亹亹者莫大乎蓍龜是故天生神物聖人則之天地變化聖人效之天垂象見吉凶聖人象之河出圖洛出書聖人則之易有四

象所以示也繫辭焉所以告也定之以吉凶所以斷也

易曰自天祐之吉无不利子曰祐者助也天之所助者順也人之所助者信也履信思乎順又以尚賢也是以自天祐之吉无不利也

是故易有太極太極以生兩儀兩儀為陰陽陰陽相推而生四象時興終始迭變而成八卦動說離陷情性之有歸也故相摩而吉凶生焉治其吉凶而大業成也是故有法可象者莫大於天地有尊卑之位也

變通可則者莫大於四時得進退之宜也懸象著明莫大乎日月晝夜動止推移而不改也位崇體高而為民之承者莫大於富貴可以行大道也備物致用立成器以為天下利莫大乎聖人見天地之象合萬物之理也探賾索隱鈎深致遠定天下之吉凶使天下勉而得其宜者莫大於蓍龜含其象明其動定其吉凶行之不疑也故天生神物蓍龜也聖人則之四時更變萬化得節也聖人效之天垂象日月昭焉

星辰位焉寒暑節焉聖人以之而授民時以節百事順之則得逆之則失取之於天也河出圖洛出書理形於文承天之化聖人則之取文於地故觀天地之文則存天地之情矣天地之情得而知四象之所自出也故四象以卦示也繫辭所以明也定以爻變所以斷其得失是以先天而天順之乘其時也信民而民助之民信其信也尚賢以至而得盡其忠也是以自天祐之吉無不利也

子曰書不盡言言不盡意然則聖人之意其不可見乎子曰聖人立象以盡意設卦以盡情偽繫辭焉以盡其言變而通之以盡利鼓之舞之以盡神

夫意無窮也言形之質也言豈盡于意乎書質之限也書豈盡於言乎則聖人之意不可見也聖人以剛柔動靜之物而為之象相推無窮咸被其理庶以言盡其意也設卦觀象凡是類者無不掛焉可以盡天下之情偽矣繫辭焉定其吉凶同其得失者莫不咸

在庶以書盡其言也易窮能變變而能通通而能久可謂盡矣天下之利矣利之盡民不遺矣未立至者也故申之以孝慈道之以忠敬陳之以德義示之以好惡鼓其情性而民自樂其道而不知其所以也可謂其神矣

乾坤其易之緼邪乾坤成列而易立乎其中矣乾坤毁則无以見易易不可見則乾坤或幾乎息矣是故形而上者謂之道形而下者謂之器化而裁之謂之變推而

行之謂之通舉而措之天下之民謂之事業是故夫象聖人有以見天下之賾而擬諸其形容象其物宜是故謂之象聖人有以見天下之動而觀其會通以行其典禮繫辭焉以斷其吉凶是故謂之爻極天下之賾者存乎卦鼓天下之動者存乎辭化而裁之存乎變推而行之存乎通神而明之存乎其人默而成之不言而信存乎德行

乾坤物之祖也易物之理也而體其剛柔之適也故

易緼積於乾坤也天地既位則乾坤運乎其中而易得其道也乾坤毁失天地之理則無以見矣易不可見則幾於無乾坤以易之為道始終以明文也其不可以施邪是故形之上者至無之運也故能體萬物而不遺而出其首物無不由也謂之曰道至於形可象者謂之器治其器化而裁之使得宜之謂之變適其會可久而行也謂之通舉其裁制錯之天下而民利之咸得務之以為事業則官農工賈各事其事以

久之為業而天下各得其行也此易之道也聖人見天下之賾將以明之擬諸形容象其物宜故為之象著諸其卦也聖人見天下之動而觀其會通以制其常履繫辭以斷吉凶故謂之爻效之乎動也辯之乎辭也識其時效其動化而制之在其變中也變得其適終而始之推而可久在乎通也顯其幽而明其神在乎其人觀其象得行其可獲其正能制而裁之黙而成之不言而信在乎備德以成行則民從其德信

而化之也故能運於無形明於終始知變化之道者

子夏易傳卷七

欽定四庫全書

子夏易傳卷八

周易

繫辭下第八

八卦成列象在其中矣因而重之爻在其中矣剛柔相推變在其中矣繫辭焉而命之動在其中矣吉凶悔吝者生乎動者也剛柔者立本者也變通者趣時者也吉凶者貞勝者也天地之道貞觀者也日月之道貞明者

也天下之動貞夫一者也夫乾確然示人易矣夫坤隤然示人簡矣爻也者效此者也象也者像此者也爻象動乎内吉凶見乎外功業見乎變聖人之情見乎辭

剛柔相推而八卦成矣八卦既列象在其中矣天地山澤雷風水火天下之大象也健順動止離險巽説庶情之大端也可得而見矣相因而重之爻動其中兩而相求情僞可得而吉凶形矣剛柔相易變化可觀也繫辭以辨其動吉凶悔吝之所明也故可以觀

其辭而效其動剛柔者素定其位而立其本也變而通之者就其吉而違諸凶易其所也從其時而歸其貞可貞勝矣夫貞者得其分恒其一不徇於外也則於物不惑矣得事之幹也當吉而保其吉當凶而索其凶天地以是貞也得萬物之觀而為人之則也日月以是貞也得萬物之瞻而保其明也天下萬物得其生動皆得其貞一故能繼其續也夫乾運天之神堅其一而不雜確然易也坤得地之順也守其一而

成物隤然簡也皆保一以成其施而無情巧焉示其以易簡也而物從之得矣爻者人得效此而動也象者人得像此而制也爻象動於內可得而觀也吉凶見乎外可徵而從也功業見乎變因變而成也聖人之情見乎辭可得極於深而至之也

天地之大德曰生聖人之大寶曰位何以守位曰仁何以聚人曰財理財正辭禁民為非曰義古者包犧氏之王天下也仰則觀象於天俯則觀法於地觀鳥獸之文

與地之宜近取諸身遠取諸物於是始作八卦以通神明之德以類萬物之情作結繩而為網罟以佃以漁葢取諸離

天設四時而寒暑周焉地設剛柔而生長遂焉此天地之德而厚其生也聖人者合天地之德備萬物之情帝人之器也故有位而其道乃行位其大實者與能守其位者仁也何以仁能聚其財財也者得物之財而資人以為財也故設罟網作耒耜通舟楫易交

貨是類者民得物之財成聖人之仁也故得安其所聚保其所居財之利爭斯興也故治其分正其名禁其非制而得宜曰義故始於垂衣而列貴賤中於重門而擊柝終於弦木為弧矢以示其禁而得易之變此聖人之義而保其仁也太古鳥獸萬物多而人寡不待易物之財人人自保其資也至於人寖而盛物斯鮮矣食用艱矣則智者有易仰觀象於天得四時之易也俯觀法於地承天時而易也觀鳥獸之文類

聚羣分就利違害而從其易也觀其情而得其宜也健以施下順以承上可則動之否則止之險則經之親則麗之外柔以說之内順以巽之近得於身也天乾而地坤雷動而山止日照而雨濡風散而澤潤物之大者也在乎萬物其生也含陰陽而生其受也偏象之氣故乾為馬坤為牛震為龍巽為雞離為雉坎為豕艮為狗兑為羊是以天下之象可得矣於是始畫八卦見其象察其數運於無形明於顯著混萬物

而為一而咸得其情則知其所麗矣網罟内虛而外堅維之離之象也魚禽麗之而不脫弱能麗其強離之義也遂犧而供其庖焉天下之利衆歸往而取法焉故曰庖犧氏之王天下立其位而行其道也

包犧氏沒神農氏作斲木為耜揉木為耒耒耨之利以教天下蓋取諸益

神農氏之時人育而繁腥毛不足供給其食脩易其變觀天地之宜相五穀之種可食者收而藝之易物

之才而生財也其在於器乎故斲木為耜揉木為耒
木可以揉曲直於斯得之為象能動木也其義益之
大也神而化之得農之道是以取諸益
日中為市致天下之民聚天下之貨交易而退各得其
所蓋取諸噬嗑
上古人質而自守其居自費其用而不相往來財貨
之有餘不足不知其均也故為之市致天下之民聚
天下之貨而交易之各得其所齊其有餘而退噬嗑

之義也日中者明也萬物皆相見而不相昧動於明之象也是以取之噬嗑

神農氏没黄帝堯舜氏作通其變使民不倦神而化之使民宜之易窮則變變則通通則久是以自天祐之吉无不利黄帝堯舜垂衣裳而天下治盖取諸乾坤

古之厚民者興其利未設其禁也及世久而民盛利薄而無分則民殫其力不足以為養民患其競不足以相禁故聖人慮其患因時而易變故黄帝堯舜氏

制度數采章封土田建官分賢不肖而等其貴賤通物之財以為用易物之力以待勞功物之能以相禦使物之能以相濟是以神而化之民得宜之易窮則變變則通通則久易天下之物成天下之務終乾坤極萬物而易行於無窮是以自天佑之吉无不利天保其尊地保其卑聖人安上衆民安下其象天上地下也其義上健而無為下順職事也上下既位可久而無替也是以取諸乾坤

刳木為舟剡木為楫舟楫之利以濟不通致遠以利天下盖取諸渙

木之為物浮於水也可以險而不窮也故必虛木而舟之剡木而楫之以濟乎水渙之象也得其散適而致其遠渙之義也是以取諸渙

服牛乘馬引重致遠以利天下盖取諸隨

牛者堅壯之物可以牽引其重馬者健速之物可以乘而致遠柔弱乘其剛壯之物隨之象也動而說之

隨物之性而牽致之義是以取諸隨

重門擊柝以待暴客盖取諸豫

以柔順之道則物之生心也剛動於外以閑之豫之象也則暴客無至也順而動之得其備矣豫之義也是以取諸豫

斷木為杵掘地為臼臼杵之利萬民以濟盖取諸小過

杵動於上臼止於下上動而小小過之象也小器設而萬民獲濟小能濟大小過之義也是以取諸小過

弦木為弧剡木為矢弧矢之利以威天下葢取諸睽

睽小事吉象不合而交用也是其全用而外合以為用得其小用也睽衆才以為小器睽之象也利威遠而合諸睽者睽之義也是以取諸睽

上古穴居而野處後世聖人易之以宫室上棟下宇以待風雨葢取諸大壯

上古人淳而未得其器之適也故穴居以求其温野處以薄其燠未免於墊隘風雨也土弱脆之物棟宇

堅壯之物也易之以宫室上棟下宇自下而壯大壯之象也則可以待風雨而極其宫室之用也大壯之義是以取諸大壯

古之葬者厚衣之以薪葬之中野不封不樹喪期无數後世聖人易之以棺槨蓋取諸大過

太古之人朴而未散哀樂之情無係也故生而求充其體死而葬諸中野以為無知而異類也後世澆漓情智外散故親其親子其子而哀樂惡欲之心盈矣

是以聖人因導其情而成其叙明神道立上下修五禮設五教以養生送死以達其情而天下聽矣設棺槨穴地而葬之其象入於澤也其義不忘死而過厚之也是以取諸大過

上古結繩而治後世聖人易之以書契百官以治萬民以察蓋取諸夬

上古官職未設人自為治記其命而已可以結繩也至於道散於是聖人始立百官造書契萬民不待力

求而以之察之夬剛長而至於五也上下百官皆在其位夬之象也小人之道外其義可以決而治矣是以取諸夬象者像也義者財也有其象則備其財矣

故制器者先得其象焉

是故易者象也象也者像也彖者材也爻也者效天下之動者也是故吉凶生而悔吝著也陽卦多陰陰卦多陽其故何也陽卦奇陰卦耦其德行何也陽一君而二民君子之道也陰二君而一民小人之道也易曰憧憧

往來朋從爾思子曰天下何思何慮天下同歸而殊塗一致而百慮天下何思何慮日往則月來月往則日來日月相推而明生焉寒往則暑來暑往則寒來寒暑相推而歲成焉往者屈也來者信也屈信相感而利生焉尺蠖之屈以求信也龍蛇之蟄以存身也精義入神以致用也利用安身以崇德也過此以往未之或知也窮神知化德之盛也易曰困于石據于蒺藜入于其宮不見其妻凶子曰非所困而困焉名必辱非所據而據焉

身必危既辱且危死期將至妻其可得見邪易曰公用射隼于高墉之上獲之无不利子曰隼者禽也弓矢者器也射之者人也君子藏器于身待時而動何不利之有動而不括是以出而有獲語成器而動者也子曰小人不恥不仁不畏不義不見利不勸不威不懲小懲而大誡此小人之福也易曰屨校滅趾无咎此之謂也善不積不足以成名惡不積不足以滅身小人以小善為无益而弗為也以小惡為无傷而弗去也故惡積而不

可掩罪大而不可解易曰何校滅耳凶子曰危者安其位者也亡者保其存者也亂者有其治者也是故君子安而不忘危存而不忘亡治而不忘亂是以身安而國家可保也易曰其亡其亡繫于苞桑子曰德薄而位尊知小而謀大力小而任重鮮不及矣易曰鼎折足覆公餗其形渥凶言不勝其任也子曰知幾其神乎君子上交不諂下交不瀆其知幾乎幾者動之微吉之先見者也君子見幾而作不俟終日易曰介于石不終日貞吉

介如石焉寧用終日斷可識矣君子知微知彰知柔知剛萬夫之望子曰顔氏之子其殆庶幾乎有不善未嘗不知知之未嘗復行也易曰不逺復无祇悔元吉天地絪緼萬物化醇男女構精萬物化生易曰三人行則損一人一人行則得其友言致一也子曰君子安其身而後動易其心而後語定其交而後求君子修此三者故全也危以動則民不與也懼以語則民不應也无交而求則民不與也莫之與則傷之者至矣易曰莫益之或

擊之立心勿恒凶

易者聖人寄其物而設其象也象者可觀其物宜人得而象彖者言乎卦之卦義可觀其辭而得其歸也爻者效天下之動也動而吉凶悔吝之所生也貞一而可以勝之矣夫陰陽者相求之物也勝而往居為之主也情性之所歸也故其偶寡者而得其主也其德行者陽者明也無私而體物之理也可以施其令而保其尊也一之道也故陽卦一君子而二小人從

順之道也陰者暗也昧於時之務也承命而力其事
小人之職二之道也故陰卦一小人而二君子顛其
道也反其行也而貴於形也夫以形累而不以神遇
者非君子貞一之道也天下之器廣矣其為物多矣
繫而憧憧往來不離其形而求其至使從其思者不
亦劣乎思而慮之自喪之矣何暇至於物哉故聖人
無思也無慮也寂然貞一而不可惑也以同也而歸
其殊塗以一也而致其百慮物自有其終始也何所

思慮哉是以貞一之道無不歸其同也至於日往則月來月往則日來用捨相推也往者不用也來者用也以不用而保其用守其貞一也故明焉寒來則暑往寒暑相代故能成其歲本於止而後動也故時之往則不用也止也故為之屈時之來則用也動也故為之伸屈而伸之乃利生也故尺蠖之屈以求伸也龍蛇之蟄以存身也皆本其止也以是聖人窮理而盡性止於無方行於無形者所以致神之用也致其

利用能安其身者修廣其德用之而不殆也道極乎是矣故能窮神之所自知變之所化此德之盛也易之大歸也聖人之至矣是以君子保其貞一得其所安然後名可達也非所困而困焉非所據而據也不量其力危辱及矣死期將至雖至親而畔也妻其可見乎此不能安其身而慎其求也夫保其身者動而無失也修德者利其用也是以公用射隼于高墉之上獲之無不利德之備時之動故能獲其位也得位

而蒞於民者不可以不察於小人為人之上者本乎仁也愛而過之失其仁也故小懲而大誡乃小人之福也御之以道仁在其中矣是以屨校滅趾無咎至乎惡積而累之罪大而誅之無及之矣則小人滅其身而君子失其刑也是以何校滅耳凶居其位而不失御其下之道則可矣安而盈之自喪之矣歛身慮危乃可全也故君子安而不忘危存而不忘亡治而不忘亂是以身安而國家可保也故曰其亡其亡繫

于苞桑然後能保其位也慎在於謀大任重乎不可以不審也過斯敗之矣故德薄而位尊智小而謀大力小而任重鮮不及矣是以鼎折足覆公餗其形渥凶不勝其任者也夫能知其事之微者可以從其大也履其大任其重雖萬變而得其神也夫知幾則禍福之源明矣幾者事之來也介然如石不可以利變也觀吉而動何不利焉故上交不諂不苟容也下交不瀆不輕息也知則吉矣豈待於終日乎故知微知

彰者知其終始也知柔知剛者識變化之為也君子能知此者萬夫之所望可則而象也此聖人之道至也無以加矣靜而無思而得其神焉見機而後動顏子者也動而後知知非而復近尚於幾也近而復之不適於悔好學者也故曰顏氏之子其殆庶幾乎有不善未嘗不知知之未嘗復行是以不遠復無祇悔元吉知天之幾者能通天下之志也雖遠也學而可以至之也學以求之其至者非一以求之不可得也

故天地絪緼相繼男女感應相與皆一而通之乃能化醇也學而二三則其志惑矣何以應哉積一以求之乃得其有易曰蒙亨匪我求童蒙童蒙求我志求而應然後能自化也是以三人行則損一人一人行則得其友言致其一也君子學以致其道者身得其安也則動而不失其節矣心得其易也則語而得其當也辨而得其交也應而供其求也君子修此三者故能全也故危以動則民莫與懼以語則民不應無

交而求則民不與莫與之則傷之者至矣是以莫益之或擊之立心勿恒凶心無主矣於物不辨矣何以為恒哉修是而可以周矣

子曰乾坤其易之門邪乾陽物也坤陰物也陰陽合德而剛柔有體以體天地之撰以通神明之德其稱名也雜而不越於稽其類其衰世之意邪夫易彰往而察來而微顯闡幽開而當名辨物正言斷辭則備矣其稱名也小其取類也大其旨遠其辭文其言曲而中其事肆而

隱因貳以濟民行以明失得之報

乾坤相求而為八卦八卦重錯而窮天下之象皆生於乾坤也非易之門邪故乾陽物也坤陰物也陰陽各合德而有剛柔之體以體象天地之為以通神明之德其取象稱名雖雜細也而吉凶之分不過於理故聖人考其辭義而歎之不敢正言也其衰世之意邪憂其傷也夫易明其既往而察其將來顯其微而闡其幽開物之狀而當名辨物正言而吉凶備斷於

辭矣其稱名者小可以藏其取類也大可以廣其陳也其旨遠可以探賾其辭文可以玩其意也其言委曲而直於理其事放肆而伏藏其奥焉此立本於小也近也曲也放也觀其旨有以副而明之則大也遠也中也深也故因貳而索之可以濟民之行明而動之可否而失得來報以治其本也

易之興也其於中古乎作易者其有憂患乎是故履德之基也謙德之柄也復德之本也恒德之固也損德之

修也益德之裕也困德之辨也井德之地也巽德之制也履和而至謙尊而光復小而辨於物恒雜而不厭損先難而後易益長裕而不設困窮而通井居其所而遷巽稱而隱履以和行謙以制禮復以自知恒以一德損以遠害益以興利困以寡怨井以辨義巽以行權

易之興也當於中古乎世衰道喪而患其憂情實相遠而詐怨之蔓也故其思深其防曲原天下之理窮變化之會則吉凶悔吝其我之所自乎故履德之基

也其德所治而有别也則不失亂矣别而寡親和之乃為至也别而履之和而從之禮樂之道可以立德而成行矣用而交者謙也卑以自牧得人之尊其道光也故能制其履而保其所履也往而不知復無其本也知悔而復復於本也不遠而復在其小而來著乎自知者也德之本也道之所由生也定於内外之分者可久之道也其德固矣定於内矣雖多雜而不厭也恒其一德者也損已奉上德之修也損以減已

固先難矣而說以與其道易也可以附其安矣其何害乎益其下者也得寬而容也長而能寬不設備而民信也自上與下得下之竭興利者也困也者君子辨其失而考德困與窮而修之故能終通也不責於人也其寡怨矣君子保德猶井之不渝也德遷而及民養而不窮井之德也施而不求其報君子之義也巽而下民者非虧君子之道也志有所之而為制也稱於物之情而音隱乎其中所以行權而制事也事

不巽則不能善其制也此君子行於易而周其患也
易之為書也不可遠為道也屢遷變動不居周流六虛
上下无常剛柔相易不可為典要唯變所適其出入以
度外内使知懼又明於憂患與故无有師保如臨父母
初率其辭而揆其方既有典常苟非其人道不虛行
易之為書也中於務而不可遠其為道也因時而易
不滯於固周流六位而不見其狀上下無常剛柔相
易各指其要惟變所適象其物宜觀其吉凶得其出

入之度則内外知懼而進退之分著也又明於憂患與憂患之所從則凶悔之兆儼乎其前如父母師保之臨也初修其文而度其義可得時之適為守常之道得其道而後行

易之為書也原始要終以為質也六爻相雜唯其時物也其初難知其上易知本末也初辭擬之卒成之終若夫雜物撰德辨是與非則非其中爻不備噫亦要存亡吉凶則居可知矣知者觀其彖辭則思過半矣二與四

同功而異位其善不同二多譽四多懼近也柔之為道不利遠者其要无咎其用柔中也三與五同功而異位三多凶五多功貴賤之等也其柔危其剛勝邪

易之為書原始要終以為體也夫物生而後有象象成而後有數窮數極變而為終君子觀之可以知其歸也六爻之設陰陽之位尊卑之分剛柔之處吉凶之報象其時物也初始象也擬其形而則之故難知也其數窮變極道之終也故易知初以辭擬之其終

得其體也本難知而末易見也是故雜類其事思察為德辨其是非要其吉凶觀夫中而得之矣歸其主之制也智者觀其彖辭得象之大旨則六爻之雜變化之理會之則吉違之則凶盖得其半矣三與四同功而異位陰耦也承陽之道也二多譽四多懼四近於尊疑其逼也柔之道也遠而不利二得柔中中不邪也柔奉上也故多會而吉焉故柔柔而居之吉也三與五同功而異位微以及著陰陽分布三則陽總下

象也君之道也兩三才積剛柔而至於五大君之道也故同功而異位三多凶有民而上乘高而難居也五多功尊無過也為上者能斷其制也故柔居之而危其剛勝者也

易之為書也廣大悉備有天道焉有人道焉有地道焉兼三才而兩之故六六者非他也三才之道也道有變動故曰爻爻有等故曰物物相雜故曰文文不當故吉凶生焉

易之為書也廣大悉備矣明三才之道焉八卦小成體其象矣因而重之耦天下之情以極其剛柔之理也故三才之道以六位而成文也道有變動情之求也故六爻效其動焉位有陰陽處有剛柔得其等列當其行事故曰物物雜而剛柔有間故曰文文之不當則不能治也故有吉凶之及焉

易之興也其當殷之末世周之盛德邪當文王與紂之事邪是故其辭危危者使平易者使傾其道甚大百物

不廢懼以終始其要无咎此之謂易之道也

易之興也當末殷周之盛德也殷紂反正文王受幽憂於危亡故積其行事極其象類窮其變化作為易之書以違其凶悔而明其道也使憂者謹慎而得其平民所助也易之不戒者自致其傾衆所棄也所以推其亡而固其存也其道甚大而百事得舉也懼其凶害閑其進退則始終會其無咎此易之道也

夫乾天下之至健也德行恒易以知險夫坤天下之至

順也德行恒簡以知阻能說諸心能研諸侯之慮定天下之吉凶成天下之亹亹者是故變化云為吉事有祥象事知器占事知來天地設位聖人成能人謀鬼謀百姓與能八卦以象告爻彖以情言剛柔雜居而吉凶可見矣變動以利言吉凶以情遷是故愛惡相攻而吉凶生遠近相取而悔吝生情偽相感而利害生凡易之情近而不相得則凶或害之悔且吝將叛者其辭慙中心疑者其辭枝吉人之辭寡躁人之辭多誣善之人其辭

游失其守者其辭屈

夫乾天下之至健也一而靜故能通天下之志知天下之幾則無險而不知也知其為者敗之故能守其易坤天下之至順也直而方達天下之事識天下之過故能無阻不察也則知其執事失之也故能守其簡健而通之動而順之皆得其止故能說天下之心窮天下之慮定天下之吉凶使天下自曉而不亂也

是故變化之道云為之務吉事先兆制器知象占事

知來天地設位而生化聖人象之而成能故將有為也可以盡其事之始終謀鬼神於卜筮則百事歸上之能而盡力於下矣八卦備其象可以象也爻彖伸其情可以思也剛柔與居遷其文理察其取舍而吉凶可見矣觀其利而後變動察其吉凶而後遷其情此易之道也故取愛惡相攻而得失者吉凶生也遠近相取而差時者悔吝生也情以感物者利之生也偽以蔽人者害之及也夫物不相得則近而彌凶也

或害之而悔且吝故將叛者其辭慙内虚而求其說也中心疑者不知所從其辭枝也吉人守之而闕

子夏易傳卷八

欽定四庫全書

子夏易傳卷九

周易

說卦傳第九

昔者聖人之作易也幽贊於神明而生蓍參天兩地而倚數觀變於陰陽而立卦發揮於剛柔而生爻和順於道德而理於義窮理盡性以至於命昔者聖人之作易也將以順性命之理是以立天之

道曰陰與陽立地之道曰柔與剛立人之道曰仁與義兼三才而兩之故易六畫而成卦分陰分陽迭用柔剛故易六位而成章天地定位山澤通氣雷風相薄水火不相射八卦相錯數往者順知來者逆是故易逆數也雷以動之風以散之雨以潤之日以暅之艮以止之兑以説之乾以君之坤以藏之

昔者聖人之作易原其元而傳其理也太極生兩儀兩儀生四象而萬物興焉夫造者之大德也幽深而

無形神運而明備物得生成也故聖人揚其幽於神明而為治道之始也蓍也者神也虛而周也含其數而無太極之象也物始兆故參無以有之曰天兩而形之曰地依其數而推之得四象之生成焉人理之變化焉始見者陰陽也易而變之而得其時故天道成也故聖人以之立卦乘氣散化而為形用而之事曰剛柔也兼地道而成也因而重之生爻兩儀分而萬物作聖人為之主焉故上和順於道德可以生而

化象其陰陽也下以施布於仁義可以養而制用其柔剛也故原其始致其終窮其理而盡得天下之理靜而順其時之命而行也聖人之作易也將以順性命之理也故立天之道曰陰與陽氣之始也立地之道曰柔與剛形之變也立人之道曰仁與義德之偕也合兩而後能成也故兼三才而兩之故易六畫而成卦也陰陽者相生而為之化也未始相離也陽為君焉物之始生陽也陽始生而潛於陰也子之建也

雖曰陽之生未有其位故爻之初為無其實陽之兆也陰耦也兩成之有其位也其道卑焉故爻之二為陰也陰過則陽生三竒數也三而小成一卦之主也故爻之三為陽也陽變則陰生位承上也地之數也故爻之四為陰也數之積陰之變則陽生也天之數也而得其中而下富其民也故爻之五為陽也陽極則消而為陰氣終則道窮也故曰無位也此天道之變陰陽相更聖人象之而分陰陽迭用剛柔故易六

爻位而成文也定天地之位合二物之交通山澤之氣雷風相薄而大水火相華而生重錯八卦以觀其所適而天下之理得矣如日月之更也如四時之代也古今往來其道一也故往者從而數之來者逆而前之是故逆數者易之智也雷以動之風以散之雨以潤之日以晅之艮以止之兊以説之乾以首而倡之坤以藏而成之觀其會合之所以而象之思其交變之道而懼之可以逆其數而違諸悔也

帝出乎震齊乎巽相見乎離致役乎坤説言乎兑戰乎乾勞乎坎成言乎艮萬物出乎震震東方也齊乎巽巽東南也齊也者言萬物之絜齊也離也者明也萬物皆相見南方之卦也聖人南面而聽天下嚮明而治盖取諸此也坤也者地也萬物皆致養焉故曰致役乎坤兑正秋也萬物之所説也故曰説言乎兑戰乎乾乾西北之卦也言陰陽相薄也坎者水也正北方之卦也勞卦也萬物之所歸也故曰勞乎坎艮東北之卦也萬物之

所成終而所成始也故曰成言乎艮神也者妙萬物而為言者也動萬物者莫疾乎雷橈萬物者莫疾乎風燥萬物者莫熯乎火說萬物者莫說乎澤潤萬物者莫潤乎水終萬物始萬物者莫盛乎艮故水火相逮雷風不相悖山澤通氣然後能變化既成萬物也

帝者造化之主天地之宗無象之象也不可以形智索因物之生成始終而顯其出入焉參而主之者陽也是故出乎東春之建也陽動於下萬物震之而生

也故震東方之物齊乎巽物之長齊而布生鮮潔區別而不相亂也物方長貌強而下柔也故下柔而巽之待其大者不可以不巽故巽東南之物也離也者明也萬物之貌始大皆明而相見中柔順也可以治之矣是以聖人南面而聽天下嚮明而治蓋取諸此坤也者地也萬物皆致養焉物之雜也外盛而中未盈養之而後成者也故順而求役而致養之故坤為西南之卦也兌正秋也外柔而中壯也萬物之盛而

咸說也故兊為正西之物也乾西北地也陽之老陰薄而爭興也故戰也萬物衰而落其榮也故乾為西北之物也坎者陽胎於中而陰盛於外水之卦也水幽陰之物也水流而不已也萬物之所歸也故物之生先聚水而質其死也水涸而枯槁故其勞卦為北方之物也艮四時之終萬物之所成止於艮也終則有始也故曰成言乎艮為東北之卦也神也者妙得其萬物變化之理而為言也故聖人之治天下能得

其為帝之道合其神用不失其終始則能為帝於天下而定其大位也故動萬物者莫疾乎雷可以震動而肅也撓萬物者莫疾乎風可以觀民而行令也燥萬物者莫熯乎火明其所行自竭其情敬其所履而不可亂也説萬物者莫説乎澤外柔而接之中剛以濟之民咸説其義潤萬物者莫潤乎水審利以安之生貨以聚之終萬物始萬物者莫盛乎艮限其所止則力不匱而能生其始也此得其一象之像也故使

水火異物而相濟雷風相與而益大山澤殊形而感化此其兼象之像也天地以是變化聖人以是興作然後能盡成萬物也

乾為馬坤為牛震為龍巽為雞坎為豕離為雉艮為狗兊為羊

乾為馬健速之物也坤為牛至順而能任重也震為龍潛動而變於陰也巽為雞體多陽輕舉之物主於下也陰巽而不能遠也坎為豕溼處卑穢之物也離

為雉陽周而明中柔而文也雉處高潔而文煥也艮

為狗外剛而能搏噬禁止內柔而能附人也兊為羊

內多陽狠而不能害物也

乾為首坤為腹震為足巽為股坎為耳離為目艮為手

兊為口

乾為首尊在上也坤為腹無不藏也震為足動在下

也巽為股巽於下而隨足也坎為耳陽明在其內也

離為目陽明照於外也艮為手外剛而能執止也兊

為口外柔而能說人也

乾天也故稱乎父坤地也故稱乎母震一索而得男故謂之長男巽一索而得女故謂之長女坎再索而得男故謂之中男離再索而得女故謂之中女艮三索而得男故謂之少男兌三索而得女故謂之少女

乾天也父之道也坤地也母道也二氣相求氣勝而男女生也乾之初配坤而得長男曰震乾生於坤也坤之初配乾而得長女曰巽坤生於乾也乾之再配

坤而得中男曰坎坤再配乾而得中女曰離乾三配坤而得少男曰艮坤三配乾而得少女曰兑二氣相推而八卦著矣男女之道備矣天下之情見矣

乾為天為圜為君為父為玉為金為寒為氷為大赤為良馬為老馬為瘠馬為駁馬為木果

乾為天剛健無狀為萬物之宗也為圓周萬物也為君為父尊莫大也為玉為金至堅剛也為寒為冰氣極嚴結而為堅也為大赤陽老赤甚也良馬馬之極

善也老馬馬之極久也瘠馬無膚其堅骨也駁馬堅猛之至也為木果木剛物也老而為實生之本也乾老陽也其道極也故健之極長極堅極老皆取象也

坤為地為母為布為釜為吝嗇為均為子母牛為大輿為文為衆為柄其於地也為黑

坤為地地有形之大柔順而承天也為母有生育之功也為布衣服之出也為釜熟生之因也為吝嗇能藏也為均至柔而順而無偏也為子母牛順而育也

為大輿能載也為文既形而文著矣為衆陰二也民之道也純陰故為衆也為柄執而用也物由之而生本之而用也其於地也為黑至陰之色也坤有形之大也物生之本也有容藏之義焉有生化之道焉故是類者皆取象也

震為雷為龍為玄黄為旉為大塗為長子為決躁為蒼莨竹為萑葦其於馬也為善鳴為馵足為作足為的顙其於稼也為反生其究為健為蕃鮮

震為雷動於陰也為龍龍陰中之畜也為玄黄玄天色黄地色陽始生於陰雜而為蒼色也為旉陽重而始華也為大塗剛動而止柔順之可以縱其行也為長子初有陽也為決躁剛動之性也為蒼筤竹蒼色性貞堅而節上虛也為萑葦類於竹也其於馬為善鳴聲震於深也為馵足白足也陽明之色而在下也為作足動於下也為的顙馵足之馬必的顙陽下應於上中也其於稼為反生物始生反甲而出也其健

往而皆柔動而必屈也為蕃鮮下本堅强則未滋而色澤震剛下動也物之始生下之堅白皆取象也

巽為木為風為長女為繩直為工為白為長為高為進退為不果為臭其於人也為寡髮為廣顙為多白眼為近利市三倍其究為躁卦

巽為木剛巽柔而不固可以揉曲直也為風剛巽柔巽剛無其體而相從也為長女陰生於初也為繩直從物之形而施其制也為工巽物之才而為器也

為白素可以施衆采也為長可以制為下也為進退巽於物不自執其志從時而進退也為不果巽從於物不決成也為臭羶馨從風之物巽下執其體故為臭而已也陽也者首也而巽志於柔其體虛其精薄其道虧也故於首則寡髮矣於顙則廣而無容矣於目則少其精睟也為近利以剛巽柔利求少物也柔而羸剛則利三倍剛而巽柔行權可也巽而不反巽其窮也則為妄躁之兆也巽者陽巽於陰不自任其

志也故可以行權而制事也故木以曲直之風以隨之故可制之物從小之道皆取象也

坎為水為溝瀆為隱伏為矯輮為弓輪其於人也為加憂為心病為耳痛為血卦為赤其於馬也為美脊為亟心為下首為薄蹄為曳其於輿也為多眚為通為月為盜其於木也為堅多心

坎為水上下皆陰而陽在柔中剛而有信也履之以宜乘其柔順而有功也用之失道則沒溺矣水之象

也為溝瀆陽處兩陰之間陰深之象也為隱伏藏於陰中也為矯輮為弓輪二陰之柔而濡之雖剛可以屈直為曲也為加憂為心病陽心也陷於柔故加憂而心痛也為耳痛陽明在内耳也陷困於柔故耳痛也為血卦血陰類也傷於中而流血於外陽傷於血赤也其於馬也為美脊陽在中也為亟心陽居内其心速也為下首柔居上也為薄蹄為曳柔在下非強行之物也其於輿為多眚本末弱不能堅也為通剛得中

雖陷之終通也為月中陰之精而中明也為盜居陰之中陰竊之物也其於木也為堅多心中剛也故陽陷於陰也陷而終通故為陷也其於善則中善也其於病則終病也故中剛之物皆取象焉

離為火為日為電為中女為甲胄為戈兵其於人也為大腹為乾卦為鼈為蟹為蠃為蚌為龜其於木也為科上槁

離為火陽盛而上下皆發也為日陽之精發於外也

為電光耀為陰發於陰之外也為中女陰生於中為甲冑為戈兵外剛而為捍也其於人為大腹陰氣伏於内也為乾卦陽盛而液不通於外也為鼈為蟹為蠃為蚌為龜骨剛於外也其於木也為科上槁木為顛則槁中而虛也離陽盛於外故至炎之物外剛中柔之類皆取象也

艮為山為徑路為小石為門闕為果蓏為閽寺為指為狗為鼠為黔喙之屬其於木也為堅多節

剛極高而終止山之象也為徑路小路也可止行其中也為門闕止出入之所也為果蓏少陽實止於地不得象於木果也為閽寺止守其禁止也為指能執止也為狗能守止也為鼠止於人也為黚喙之屬上剛喙剛而能啄止其物也其於木也為堅多節剛小而生節木之堅也艮少陽生也陽得卦終於其所也能止而小堅者皆取象焉

兌為澤為少女為巫為口舌為毀折為附決其於地也

為剛鹵為妾為羊

陰以居上剛得其潤上潤下堅澤之象也為少女三

求而得也為巫柔而不正而在原闕

子夏易傳卷九

欽定四庫全書

子夏易傳卷十

周易

序卦傳第十

有天地然後萬物生焉盈天地之間者唯萬物故受之以屯屯者盈也屯者物之始生也物生必蒙故受之以蒙蒙者蒙也物之穉也物穉不可不養也故受之以需需者飲食之道也飲食必有訟故受之以訟訟必有衆

起故受之以師師者衆也衆必有所比故受之以比比者比也比必有所畜故受之以小畜物畜然後有禮故受之以履履而泰然後安故受之以泰泰者通也物不可以終通故受之以否物不可以終否故受之以同人與人同者物必歸焉故受之以大有有大者不可以盈故受之以謙有大而能謙必豫故受之以豫豫必有隨故受之以隨以喜隨人者必有事故受之以蠱蠱者事也有事而後可大故受之以臨臨者大也物大然後可

觀故受之以觀可觀而後有所合故受之以噬嗑嗑者合也物不可以苟合而已故受之以賁賁者飾也致飾然後亨則盡矣故受之以剥剥者剥也物不可以終盡剥窮上反下故受之以復復則不妄矣故受之以无妄有无妄然後可畜故受之以大畜物畜然後可養故受之以頤頤者養也不養則不可動故受之以大過物不可以終過故受之以坎坎者陷也陷必有所麗故受之以離離者麗也

有天地而後萬物生焉物生則屯矣有形之始也故受之以屯物之始生難立者也經其屯而後遂得其盈也物穉而未知也故受之以蒙蒙穉也不可以不養故受之以需穉而不爲待其資也莫過飲食待而得其潤飲食之道也飲食者人之資必有爭故受之以訟訟必有黨故衆起故受之以師師衆也師終衆服民知其比也故受之以比比者衆輔而同也附而同之未及其豐也故受之以小畜畜衆則有治也修

禮以整之故受之以履得其履者泰然而安故受之以泰泰通也物不可以終通故受之以否否者道之塞也道不可以終塞必為上之知之將同而進之以同人與人同者得其治焉物必歸焉故受之以大有大有不可以盈故受之以謙有其大而能謙必豫故受之以豫豫樂而過其流矣動說而相隨故受之以隨喜而相隨不守其務則墮矣將必有事也故受之以蠱蠱事也制作治事然後可大故受之臨臨剛長

而大而臨制也相臨之道觀乎上之風也在於尊上
立敬也莫大於神道設教而天下可觀治之大者也
故受之以觀雖設教之可觀必齊之而後合故受之
以噬嗑噬嗑合也道之以德齊之以禮齊之以刑雖
合而已未之至也故制之大小序之等級分之外内
别之同異文物以采之聲明以揚之煥然而有其文
而後盡其治也故受之以賁賁之末存其文失其本
也則道之消矣故受之以剥剥者消喪其道也物不

可以盡剥道終而反生也故受之以復復剛長也君子之道生也復則无妄矣故受之以无妄剛長而无妄能畜其大也故受之以大畜物既畜矣然後可養故受之以頤自養之賢所以安身而及民也養之而後動乃能過爲治也故受之以大過過動而不由其制必輕其小也物無輕也雖小能陷故受之以坎坎陷也懼其亡而修之然後安其所麗故受之以離也有天地然後有萬物有萬物然後有男女有男女然後

有夫婦有夫婦然後有父子有父子然後有君臣有君臣然後有上下有上下然後禮義有所錯夫婦之道不可以不久也故受之以恒恒者久也物不可以久居其所故受之以遯遯者退也物不可以終遯故受之以大壯物不可以終壯故受之以晉晉者進也進必有所傷故受之以明夷夷者傷也傷於外者必反其家故受之以家人家道窮必乖故受之以睽睽者乖也乖必有難故受之以蹇蹇者難也物不可以終難故受之以解解

者緩也緩必有所失故受之以損損而不已必益故受之以益益而不已必決故受之以夬夬者決也決必有所遇故受之以姤姤者遇也物相遇而後聚故受之以萃萃者聚也聚而上者謂之升故受之以升升而不已必困故受之以困困乎上者必反下故受之以井井道不可不革故受之以革革物者莫若鼎故受之以鼎主器者莫若長子故受之以震震者動也物不可以終動止之故受之以艮艮者止也物不可以終止故受之以

漸漸者進也進必有所歸故受之以歸妹得其所歸者必大故受之以豐豐者大也窮大者必失其居故受之以旅旅而无所容故受之以巽巽者入也入而後說之故受之以兌兌者說也說而後散之故受之以渙渙者離也物不可以終離故受之以節節而信之故受之以中孚有其信者必行之故受之以小過有過物者必濟故受之以既濟物不可窮也故受之以未濟終焉

乾坤降升萬物化形今古而無差者天地之道也男

女感應夫婦敵配而父子君臣之所自者聖人之治也政德禮義交錯乎其内後聖人美其配天之功也故序之以咸男下女以感也正而久之乃成也故受之以恒恒久也夫婦之意盡於久矣施久於物物無久也雖剛遯矣故受之以遯物不可終遯故受之以大壯物不可終壯復有進之故受之以晉晉柔進而上行也晉必有所傷故受之以明夷夷傷也傷於外者必反於家故受之以家人士處家則道窮而莫偶

也將來外合則睽而出矣故受之以睽睽乖也乖而未合則有難也故受之以蹇蹇者難也物不可終難故受之以解解緩也緩有所失故受之以損損已以奉上終受其益故受之以益益而不已不知其止也則受其決決治也故受之以夬夬決也而後治不敢逸也乃其遇故受之以姤姤遇也物相遇而後聚故受之以萃萃聚也聚上而盛謂之昇故受之以升升而不已必困故受之以困困於上必反於下道窮而

自修也故受之以井井者治之使深也德者知而日新也故不可以不革故受之以革革物而盛新者莫如於鼎故受之以鼎主器者莫如長子故受之以震長子主器而已其在於物不可終也故受之以艮艮止也物不可終止故受之以漸漸者進也而不速於進也必有所歸故受之以歸妹得其歸者必大故受之以豐豐大也志盈而蕩窮其大者也必失其居矣故受之以旅旅而無所容故受之以巽巽入而和入

於人則說矣故受之以兌兌說也上下咸說而後散動而自爲治也故受之以渙渙離也散而治不拘其禁也終則無節故受之以節節而施之中而制之信乃行之故受之以中孚自中發信民必信之可過其物而爲治之故受之以小過信者爲治之具而非備之道信治而已小過者也有過物之治必能濟也故受之以既濟既濟不可極極而志盈斯窮之矣故受之以未濟而終也

子夏易傳卷十

子夏易傳卷十

欽定四庫全書

子夏易傳卷十一

周易

雜卦傳第十一

乾剛坤柔比樂師憂臨觀之義或與或求屯見而不失其居蒙雜而著震起也艮止也損益盛衰之始也大畜時也无妄災也萃聚而升不來也謙輕而豫怠也噬嗑食也賁无色也兊見而巽伏也隨无故也蠱則飭也剝

爛也復反也晉晝也明夷誅也井通而困相遇也咸速也恒久也渙離也節止也解緩也蹇難也睽外也家人内也否泰反其類也大壯則止遯則退也大有衆也同人親也革去故也鼎取新也小過過也中孚信也豐多故也親寡旅也離上而坎下也小畜寡也履不處也需不進也訟不親也大過顛也姤遇也柔遇剛也漸女歸待男行也頤養正也既濟定也歸妹女之終也未濟男之窮也夬決也剛決柔也君子道長小人道憂也

乾不偏其用無執其體無不周也剛之用也坤守其形不敢先也受命而無不行也柔之道也體得其用故能保其久也比剛樂師則憂集也剛以臨觀行其道也巽說與衆求其治也屯也者剛始動於下而立於難也方將見矣民歸之矣故不遷而建侯利也蒙者時之昧也雜亂不足以明也而中心昭著矣待其時而行然後通也震可舉而動也艮可止而息也損者盛之始益者衰之始也大畜之時時之得也時在内

也無妄之眚人之失也外其時也可不慎乎柔而聚之可以保矣升而求進失其歸也謙不自重故終吉也豫樂自惰故終凶也噬而嗑之無繫情於噬食之道也故用獄齊之而已不過當也賁者文飾也升降有度尊卑有數禮之文也治之飾也尚色為賁賁之末也政以正之刑以齊之文以賁之聖人之治也兑剛中而柔外見其情而説人也巽剛中而柔内隱其情而巽物也隨剛來而下柔不守其常不修其事動

而說之終失其正也無正而隨器斯蠱矣器蠱而治
幹其蠱也剛上而柔下得其通也巽而止之可飾治
也剥者自消其道而潰也思其反之復其正也順明
以晉昭天下也明夷失德衆所誅也井也者德之附
也德之成而通利於物君子之遇困修其德而不責
於人井德之通由困而遇也咸剛下柔柔升剛兩而
相感也神以相感不疾而速也感得其正恒久之道
剛上而柔下可以久矣涣者上下通志柔順其上剛

巽柔德乘木於水離行從遠不待設禁而自治也其終則不禁故反之以節剛柔分其德也水澤保其潤也解者乘險以動而免於險也則緩於小矣小之緩則積於大蹇矣險猶在也其可緩乎道反之然也睽合外以成也家人由内以成也否者小人之道也泰者君子之道也反其類不可以相從也大壯陽長君子可以制小人也道變斯遯則退之矣大有柔得大中而能柔服無有遠邇皆有而容之大有其衆也同

人親其同也性同相與無間上下也是以天能與火也唯同者同之火水相息不革則亡革去其故而不相見乃可也革水火而成新用者咢也新必反故乃治也小過者柔得中小人之正也小人者篤於小事而不知通濟君子過行小事而合之知可也而過動也中孚兩柔向而無迕也外內剛中皆情實著説而巽信發於中也小過過行中孚實信君子之道可者與之豐明以動之則物盡陳矣事皆舉矣事之多則

未有周矣慎其大者也旅者柔得中乎外而下寄於剛也自寄旅矣人何親哉不可以有附也戒其止則明也離得其所麗可以上而昭也坎陷其所居可以下而經也小畜之寡知足而不多藏終得其畜也履之不處恭謙而不敢自恃保其履也需上險也待命而不敢自任全其健也訟下險不可親也與處而塞之夬謀於險也大過正之末也本無正而末不能興也唯剛大者能過之而治也政自其下顛之道也姤

者柔遇剛也修已自敬守素安下君子之素行也時遇而得天之幸也雖漸而進剛行乃行也頤治自其上養之正也動之以妄躁凶之道也既濟之道也既濟定矣力窮而至於濟無復加也不可以不自知也歸妹少配長道窮而無所往所以行而終也未濟剛不全正以至於失位道之窮也而以為未濟復將求也如之何哉夬決也剛決柔也小人之道雖形殘而不足以相治無其正也君子之道長言之而可以決

矣明於始而無所諱以至於天下正也

子夏易傳卷十一

總校官候補知府臣葉佩蓀

校對官助教臣汪錫魁

謄録監生臣毛林鴻

圖書在版編目（CIP）數據

子夏易傳 / (周) 卜商撰. — 北京：中國書店，2018.8

ISBN 978-7-5149-2022-2

Ⅰ. ①子… Ⅱ. ①卜… Ⅲ. ①《周易》- 研究 Ⅳ. ①B221.5

中國版本圖書館CIP數據核字(2018)第079378號

四庫全書·易類

子夏易傳

作者　周·卜商撰
出版發行　中國書店
地址　北京市西城區琉璃廠東街一一五號
郵編　一〇〇〇五〇
印刷　山東汶上新華印刷有限公司
開本　730毫米×1130毫米　1/16
印張　31.75
版次　二〇一八年八月第一版第一次印刷
書號　ISBN 978-7-5149-2022-2
定價　一一六　元（全二册）